トラブルが起こる前に
**確認！**

一社に一冊

# わが社のリスク管理ハンドブック

# 目次

Introduction 00

# 序章　上手く守った企業が繁栄する！

普段、経営者の頭の中は第一に売り上げ、次に製造・仕入れ、さらには人事、経理等で占められています。

熾烈な競争の中で企業を維持し、さらには成長させようとすると必然的にそうなります。

何事もなく順調に企業活動を続けていければ、それに越したことはありませんが、実際には多くのトラブルが待ち構えています。

特に成長している企業ほど、パワフルに活動している企業ほど、トラブル・クレームが多いのではないでしょうか？

こうしたリスクは企業活動のあらゆる分野で発生します。

取引先との各種トラブル、社有車の事故、自然災害による社屋・工場の被害、パワハラ等の労働問題や労災、敵対的買収、犯罪に巻き込まれる、販売した商品の不具合によるクレーム等々。

一つ対応を誤れば重大事に至る事案も少なくありません。

経営者はそのたびに、無理やりに頭を販売戦略からリスク対応へと切り替えることを強いられます。

さて、表題にある「上手く守る」とはどういうことでしょうか？

ここでは、様々な事案を整理し、あらかじめ対応策（または方針）を決めておき、問題が起きた時には、計画に従ってトラブル・クレームに対処していくことと定義します。

これが即ち「リスク管理」です。

経営者は、「リスク管理」の方法に従ってあらかじめ対応策を考えておくことで、次のような利点を手に入れることができます。

① トラブル・クレームが起こったときに、不意打ちをくらいパニックに陥ることがなくなる

② あらかじめ対応策を考えてあるため、素早く行動に移ることができ、対応が後手になることを避けられる

③ 慎重に考え抜いた対応策で、損失を最小限に抑えることができる

もし、こうしたリスク管理が成されていなかったらどうなるでしょうか？

落ち着いて考える時間はなく、それも気持ちが上ずっているために何から手を付けて良いのか分からない。

焦って泥縄式に考えた解決策に致命的な欠陥があり、さらに状況が悪くなる可能性がある。

パニック状態で下す判断の誤りやミスが、次の判断ミスを呼び込み事態がより深刻化する可能性がある等々。

少し考えるだけで様々なデメリットがあることに気付かされます。

このようにリスク管理を行うことはトラブル・クレームが発生したときに決定的な成果を約束す

るものですが、もう一つ注意点があります。

個々のリスク対策を個別に考えるのではなく、企業を取り巻くリスクを総合的に見て対策を組み立ててみることが必要です。

リスクを総合的に俯瞰してみることによって、対策の穴を見つけたり、重複しているところを発見して、効率的なムダのない対策を行うことが可能になります。

## 企業のリスク対策に関する二つの視点

最初に「リスク管理」を行うにあたって考慮すべき企業特有の事柄があります。

各種対策を行うにあたってベースとなる視点は次の2点でしょう。
①リスク管理に関わる経営資源を最小限にする
リスク対策への経営資源の投資は、できれば負担したくない費用です。

利益を最大限大きくすることが企業にとっての至上命題であるので、利益を生み出さず、逆に圧迫してしまう費用項目は最小限に留めたいのが経営者一般の思いでしょう。

これが第一の視点となります。

本書では費用を最小限に抑えて、最も効率的なリスク管理を実行するために次の三つの方針を示しています。
1．一つの対策が複数のリスク対策になる。

2．リスク対策をできるだけ日々の企業活動の中に取り入れてしまう。
3．物理的な対策を考える前に社内の仕組み（考え方）によってリスクを避けることができないかを考える。
②緊急時に効率的に稼働する対策を採用する
立派な緊急対策用のプランを作ってはみたものの、作ったことで満足してしまいプランそのものはお蔵入り、という経験はないでしょうか？

そして、いざ事件・事故が発生した時には、あわててしまいせっかく作ったプランが全く役に立たないことも少なくありません。

緊急時にはしっかり役に立つ対策（言い換えればシンプルで即効性のある仕組み、または自動で発動する仕組み）を作ることが、企業がリスク対策を行う際の第二の視点となります。


本書ではそのためには、どのように考え、何を行えばいいのかを考えていきます。

ご一読いただき、トラブル・クレームに怯むことのない強靭な企業を創り、繁栄を手に入れていただくことを願っています。

Chapter

01

# 第一章　リスク管理の考え方

リスク管理の考え方は突然の事故・事件などの場合だけではなく平常の業務においても大きな力を発揮してくれます。

以下にいくつかの考え方・法則・諺を述べてみます。

## 1．四つのカテゴリー（リスクの重大性を判断するための指標）

経営者は遍く全方位に渡ってリスクを見る必要があります。

そしてすべてのリスクに適切な対応手段を備えておくことも必要です。

但し、考えられるすべてのリスクに対応して同じレベルの対策は必要ありません。リスクの内容によってメリハリをつけ、強弱をつけて対応することが最も経済的な対応策です。

強弱をつけるのはどのようにすれば良いのか？という解決策の一つが四つのカテゴリーに分ける方法です。

リスク管理を始めるときに、まず自らを取り巻く様々なリスクを遍く見渡す。

そして個別のリスクに対して危険の大きさを確かめていきます。

危険の大きさというのは具体的に

1. どの程度の頻度で発生するのか?
2. 損害の大きさの程度はどのくらいなのか?

この二つを見極めて個別のリスクに対する適切（最もコストがかからず効果的）な方法を選択して実行します。

影響の少ない（または無い）リスクついては何もしなくていい、という選択もあり得ます。

逆に重大な結果を及ぼす可能性のあるリスクについては、幾重にも防御策を構築するという選択が考えられます。

そして必要最低限のコストを見極めていきます。

その手助けを行う「道具」として「四つのカテゴリー」という手法を活用します。

具体的な手順としては以下のようになります。

**《四つのカテゴリーに分けて危険の大小を見極める》**

リスクの危険性と準備の順位を考えるヒントとして、四つのカテゴリーに分けてリスクを考えてみます。

まず田の字の図を書き、右上が①のカテゴリー、右下が②のカテゴリー、左上が③のカテゴリー、左下が④のカテゴリーとします。

その内訳としては…

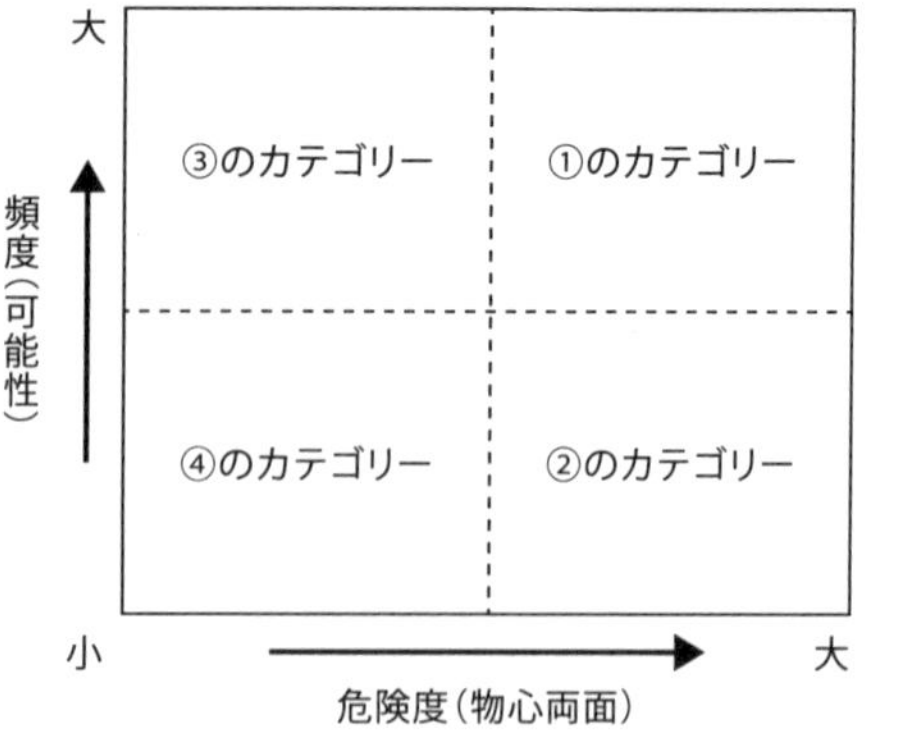


図　企業用四つのカテゴリーに分けてリスクを感じ取る

① 危険度が高く頻度も大きい
② 危険度は高いが頻度は小さい
③ 危険度は低いが頻度が高い
④ 危険度も頻度も低い

自社の危険度を判定するには、まず一般的な危険度を確かめます。

これに使用するデータについては、できるだけ偏りのない公正なものを使用します。

現在のところ正確だと思われるのは政府や行政機関が作成する各種資料です。

本書の中でも個別事例の中で次のように参照しています。

水害：各地方自治体の水害ハザードマップ
火災：消防庁作成の消防白書
労災：厚生労働省ホームページ
クレーム：厚生労働省調査「職場のハラスメントに関する実態調査」
債権回収：総務省統計局
製造物責任：消費者庁の統計（全国消費生活情報ネットワークシステム（PIO-NET：パイオネット））

交通事故：内閣府の発行する交通安全白書

なお、各種業界団体が纏めた統計データなどもあるので、そちらも参照対象にはなりますが、自らの業界に有利なように操作されたものではなく公平な立場で作成されたものであるのかどうかを見極めなければなりません。（特にセールス用に出典された統計・資料には注意が必要です）

これらの統計・資料から個々のリスクの傾向を読み取っていきます。

大方のリスクは多数の小さなリスク（③のカテゴリーに相当）と少数の大きなリスク（②のカテゴリーに相当）に分類されるでしょう。

ここまでで一般的な状況は把握しました、では自社の状況はどうでしょうか？

先ず過去10年間に起こった事故・事件を振り返ってみてください。

多発したトラブルはなかったかどうか？（③のカテゴリーに相当）

記憶に焼き付くような事件・事故はなかったかどうか？（②のカテゴリーに相当）

実際の事故などに具現化したリスクについては、自社のウィークポイントである可能性があり、ひょっとしたら①のカテゴリーに入るのかもしれません。

また最近になって受け取る手形が大口で、さらに新興企業の出したものが多くなってきたとすれば、ひょっとして債権回収リスクが①のカテゴリーに入っているのかもしれません。

こうして数多くあるリスクのうち、現在自社にとってどのようなリスクから重点的に備えればいいのかを、危険度の大きさと頻度、そしてリスクの変化を敏感に感じ取るために四つのカテゴリーを活用します。

もちろん第一に備えるのは①です。自社にとって①のカテゴリーに入ってくるリスクはどのようなものでしょうか？

ほぼ備えの必要性を感じないのが④。この範囲に入るリスクはとりあえず頭の片隅に置いておき、危険の度合いが高くなったら考えます。
②と③は状況に応じて対策の順番を変えていきますが、頻度の高いリスクは目に付きやすく常に準備を行う態勢がとれるものですが、頻度は低く、危険度が高いリスクは忘れられがちです。こうしたリスクも目先の頻度に惑わされず粛々と準備をしていくことが身を守ります。
どちらかと言えば、②頻度は低いが危険度が高い、を優先して準備を整えることをお勧めします。例えば巨大地震などの自然災害による被害のリスクなどがこのカテゴリーに当てはまるのではないでしょうか？

一般的に起こる頻度の高いリスクについては、頻度を低くする手立てを考え、危険度の高いリスクについては、ダメージを低めるような施策を行い、できるだけ④のカテゴリーに収まるように準備・予防をしていきます。

さらに、リスクは常に同じ危険性を持っているとは限りません。

環境の変化によって大きく変化していくので、それに従って準備の内容を変える必要があります。

例えば以前は個人情報漏洩についての危険性は大きくはなかったものの、昨今は法律も整備され大きな問題になる可能性が出てきています。

この四つのカテゴリー表を使って、時代の趨勢をも見ながら自社のリスク対策にメリハリをつけて対策を講じてみてください。

## 《四つのカテゴリーの定量的な指標について》

なお、個々のリスクを四つのカテゴリーに割り振っていく作業は、本来的には各経営者の考え方・主観によって決めていいものです（または決めるべきものです）。

なぜなら個々の企業の置かれた環境はすべて違っていて、同じリスクでも軽重があるからです。

但し、それでは各リスクを割り振るときにあまりにも漠然としているとお考えの方もいらっしゃるでしょう。

そこで、批判を恐れながらも各カテゴリーについて具体的な数値を当てはめてみることにします。

### ◆①のカテゴリー

前記のとおり「危険度が高く頻度も大きい」リスクを指します。

概ね10年に一度またはそれ以上の頻度で、経営に大きく響くまたは経営の根幹を揺るがすような事態。

②③のカテゴリーにあるリスクでも「これぐらいなら大丈夫だろう」「これぐらいなら許されるだろう」という考えで安全対策などを怠ると、リスクが①のカテゴリーに入ってしまうことが珍し

くありません。

例として
・水害多発地帯にある主要設備の損傷（事前調査の不備）。
・大規模な顧客情報の紛失↓社会的信用の失墜・倒産（安全対策の欠如）
・オートバイに乗って通勤していた経営者が電柱に衝突し亡くなった（オートバイに乗ることが大きく危険度を上げてしまった）
・昼夜別なく、ほぼ徹夜で仕事をしていた経営者が10年後にガン・心筋梗塞・脳梗塞に次々とり患して亡くなった（身体的な限界を超える活動が危険度を上げてしまった）

**◆②のカテゴリー**

「危険度は高いが頻度は小さい」リスク。

概ね10年に一度以下～経営者の在任期間を30年とみて一度はあるという頻度で、経営の根幹を揺るがすような事態。

例として
・2000年代初頭に騒がれた狂牛病で、アメリカからの牛肉輸入が全面的にストップされる事態が起き、ほぼ100％をその輸入に頼っていた会社は突然企業活動を停止する事態に追い込まれました。

・震度6強～7程度の地震による建物の倒壊や主要設備の損害。
・取引先を親会社一社に依存している経営形態（親会社の意向やまたは倒産によって販売先を一気に失う恐れがある）。
・交通事故での死亡事故。
・労災での死亡事故。
・消防車が出動するような火災。
・大規模な詐欺。

## ◆③のカテゴリー

「危険度は低いが頻度が大きい」リスク。

概ね10年に一度またはそれ以上の頻度で、一度の発生では経営に大きな影響を与えないが、度重なると経営の根幹を揺るがすような事態。

このカテゴリーの頻度では1年に数度以上発生するリスクも含みます。

例として
・交通事故。
・店舗を持つ企業での万引きによる被害。
・労災。

・顧客からのクレーム

### ◆④のカテゴリー

「危険度・頻度とも低い」リスク。

概ね10年に一度以下～経営者の在任期間を30年とみて一度もないと考えられる軽微なリスク。

ほとんどのリスクは②③に入りますが、可能な限り④のカテゴリーに近づける努力・施策が平穏な企業活動を約束します。

## 2. リスク管理は時系列に沿って三つのステージに分けて考える

重点的に対策を行っていくリスクが決まれば、次に各リスクについてどのような対策を行うかを考えます。

世の中には、たくさんの危機管理サービスが溢れています！

火事の際に必要な消火器、防犯用品などがすぐに頭に浮かびますが、トラブル解決に大きな力を発揮する法整備と弁護士などの訴訟に対する備え、起こった事件・事故などを補償する各種保険、窃盗や火事に備える警備会社などもその一つであり、広くは警察や消防署などの公的機関も含まれます。

頭の中を整理するために、最も適切なリスクへの対応策を考える方法として3つのステージに分けて、各種のサービスを各ステージに割り当てていきます。

1．予防のステージ：危険が起こる前の予防の段階（リスクが起こらないようにする）
2．緊急対処のステージ：実際に起こったときの緊急措置（リスクからの被害を最小限にする）
3．アフターフォローのステージ：起こった後の金銭的、物理的、精神的なアフターフォロー

三つのステージとは、言わば三重の防衛ラインです。

予防のラインが破られれば第二の緊急措置で食い止める。

それでも防げなかったものは、準備していた第三ステージの最終防衛ラインで対処していきます。

各ステージに属する対策には、その解決策の持つ特徴と限界があります。

実際に起こる可能性のある危険な場所や行動を知り、そうした事柄を避けるように努めることは重要な予防の一部ですが、これだけでは防げない場合も往々にしてあります。

消火器は実際に起きたときの緊急対処のステージに必要なものですが完全に消火できるとは限らない。

アフターフォローのステージで有効な火災保険は金銭面のフォローを行うものであり、精神的なダメージを癒すことは考えられていません。

要は個々の対策の足りない部分を他の対策（またはステージ）で補い合うように、時系列に沿って配置していくことです。

三重の防衛ラインで精神的・物理的なダメージを最小限にする方法を組み合わせましょう。

## 3. 情報の扱い方

はいってきた情報をどのように判断するのか？　またどのように活用するのか？　というのは意外と難しいものです。

そして判断を誤ると重大な結果を招くこともあり得ます。

ここでは正しい行動を行うためのいくつかの情報の扱い方について論じていきます。

### ◆判断は複眼で見て行う

ビジネスの現場では常に情報が交差しています。

情報は常に正しいと考えると、落とし穴にはまる場合も少なくありません。

優良に見える新しい取引先が、実は大規模な詐欺だったため、商品納入後代金を踏み倒された。

魅力的な新製品を提示されて、共同開発に踏み切ったものの、当初信じられていた相手の技術力が全く不足していたことが判り暗礁に乗り上げてしまった等々。

平時においても緊急時においても情報の正確さというのは必要なことです。

曖昧な情報では、しっかりした方針を立てることができず、決断もできなくなってしまう。

ところが、えてして不確かな情報しか集まらない場合が少なくありません。

経営者としてはどのような態度で情報に接することが必要なのでしょうか？

通常、私たちが無意識のうちに行っているのは視点の異なる複数の情報を見比べてみて、その交わる点を正解と見ています。

書籍、人の意見・見方、うわさの類など一つの情報を違う角度、できれば反対方向からの情報と比較することで物事の正確な形に近づくことができる場合が多いようです。

一方向の情報では判らなかったことが、角度の違う複数の情報を見ることによって、誤解や間違い、さらには問題の焦点、核心部分が明らかになることも少なくありません。

この方法には隠れた効能があります。

一つの情報が入ったときに、すぐに判断せず、一度胎に収めることになるので、冷静さ、沈着さが培われます。

さらに問題を比較検討する習慣が　う付き、考え深い性格に変わり、人の意見に容易に左右されなくなります。

二つの情報の交わる点に、三つ目の情報が、前の二つの情報と重なれば、さらに正確さは増すでしょう。

組織の中で日頃から問題行動を起こしているという噂の人物に、「なぜそんなことをしているのだ?」と本人に聞いてみたところ、その行動の各々が「現在の業務を改善するための試行錯誤をしている」という回答が返ってきたという実話があります。

つまり周囲の人間は「前例主義」で新しい方法を試す人間を嫌っていたために「問題行動を起こ

す人間」に仕立て上げていたのです。

## ◆情報の焦点が定まらない場合

集まってきた情報が全く違う方向を指していた場合は、どれかの（またはすべての）情報に誤りがあることになり、迷うことになります。

時間があれば、さらに複数の情報が集まるのを待って、重なる部分を探り続けることになりますが、決断が差し迫っている場合には、二つの選択肢が考えられます。

①すべての情報が誤っていると考えて決断をしない。

誤った情報に基づいて決断を下すことは、さらなる危険を抱え込むことにつながります。何もしないという決断も時には有効です。

取引先企業の情報が違った方向から、新製品の開発をしている、国内に三つある工場の二つを閉鎖して事業を縮小する、海外ヘッジファンドに買収される等々、脈絡のない情報が飛び交っている場合には、特に慎重に対処することが求められます。

②状況的に、集まってきた三つの情報のうち、ある一つの情報が間違っていると考えて、残った二つの情報を基に判断を下す。

情報の正確性を比較して、ある程度正確な情報二つが同じ方向を示しているのであれば、それを信じて決断を下します。

比較的簡素な例ですが、取引先企業が企業情報では優良となっていても、自社の銀行関係から資金繰りが厳しいという情報が入り、さらに他の取引先から該当企業からの入金が滞っている旨話があった場合に、手形決済をすべて現金決済に変えてもらう処置を取るといった場合などです。

このケースでは過去の傾向を見る企業情報よりも、現在時点での信頼できる情報を優先した決断を行っています。

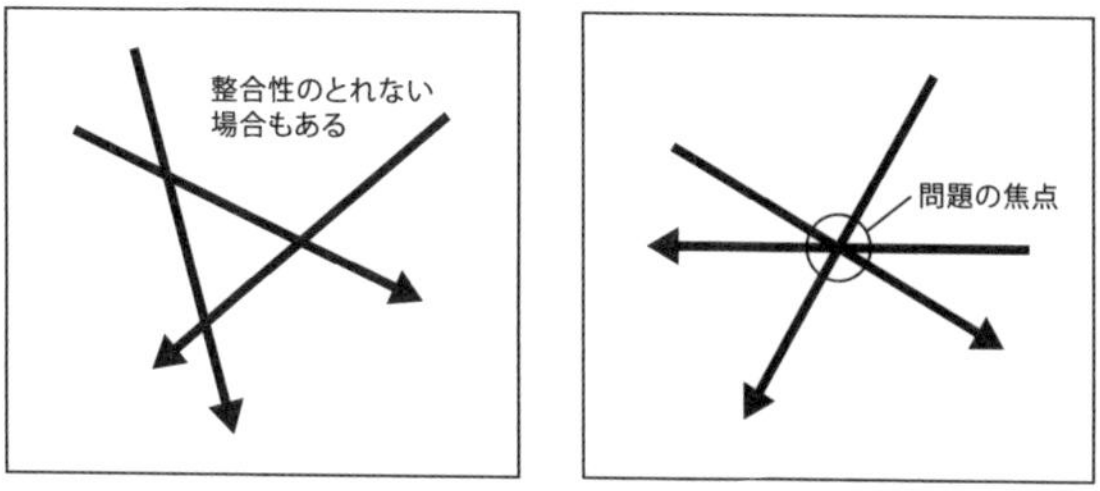


図：参照：視覚的な情報の検証

## ◆マスコミからの情報を鵜呑みにしない

テレビや新聞などのマスコミから流れる情報というのは、今現在話題性のある情報が大半を占めています。

死亡者数で重大性を問うのであれば、日本において最も多い死亡者はガンで亡くなる方ですが、これは日常的にはニュースとして報道されていません。

なぜならガン死は希少性がないからです。

それよりもマスコミの読者・視聴者が求めているのは、希少性があり世間的に話題になりやすい記事です。事故や犯罪、流行性の疫病などが筆頭に挙げられるでしょう。

情報の受手として、特に経営者としてリスク管理を考えておくべきは正確な危険性と頻度です。大々的な報道＝リスクのカテゴリー中①（危険度が高く、頻度も高い）、とは必ずしもならないことに留意します。

## ◆情報は適正な判断の基となる

情報を取得したとしても、リスクへの対策と有機的に結びつかなければ実効性は薄くなってしまいます。

また危機発生直後は正確な情報が入りづらいこともままあります。

こうした場合の実践例をご紹介します。

次に挙げる事例は、２０２０年4月20日付で筆者の運営するフェイスブック上で公開した新型コロナに対するリスク管理の方法を示したものです。

この時期はちょうどコロナが蔓延しはじめた頃に公開したもので、正確な情報がなかった時期にあたります。従って文中ではやむを得ず仮定を入れて論じています。

―筆者フェイスブックより転載―

〈相手を知る―客観的な評価〉

リスク管理で最初に行うのは相手を知ることです。本原稿を作成している4月21日現在（２０２０年）の国内の状況は感染者数１１１１８名（前日比＋367人）、死亡者数186人（前日比＋15人）、回復者数1,239人（前日比＋80人）（厚生労働省20日時点発表）となっています。

発表された数字からは、人口比に直すと1万人に一人の割合で感染していることが判ります。但し報道を見ていると全く症状のない人もいて、また発症はしているけれども未だ診断確定されていない人もいると思われ、ここではそうしたことを考慮に入れ、最大で1千人に一人の割合で感染しているものと**仮定**してみます。

また感染はどのようにして起こるのか？

集団感染元が、病院、介護施設、ライブ会場などとされており、主にはいわゆる三密（密閉、密集、密接）によって感染するのではと予測されています。

また現時点では不明な部分も残っています。

初期にはウィルスは飛沫感染、接触感染からと言われていましたが、密閉空間で感染が起こるということは空気感染も疑われるようになってきました。またスーパーなどでの買い物では間隔を空けて並ぶように言われますが、金銭の授受、品物の受け渡しなどでは必ず接触が起こります。それにも関わらず集団感染の報告がありません。また通勤における電車内での集団感染も報告がありません。

（おそらく感染経路の判らないものの大半は日常生活の接触によるのかもしれませんが、特定の条件下で感染している可能性もあり）未だ不明の部分が多くあります。

他のリスクと比べてみると…

交通事故の死傷者数：年間90万人
精神疾患による入院：年間28万人
新生物（ガン）による入院：年間15万人
循環器系疾患（脳・心臓疾患）による入院：年間25万人

（いずれも平成23年度数字――「なんだ簡単じゃないか！楽しくできる私のリスク管理」より）

前述した**仮定**を当てはめてみると、ガン・循環器系疾患と同等程度のリスクとなり、また死亡率については**現状**では比較したリスクと比べて極端に低いといえます。**（この仮定の真実性は現状では証明されていないことにご注意ください）**

但し、感染経路が不明な部分が多いということで不安感が先に立つ状態にあり、パニックに陥りやすくなっています。

また今後の感染の進展次第では高リスクになる可能性も残っています。

**〈予防の段階①――全般的な状況を改善する〉**

リスク管理の次の段階は予防です。

環境上の衛生面などの施策は、国や地方公共団体に依存することになります。

個人で行う必要があるのは

・基礎的な免疫力の強化
・生活上のバランスの維持

上記はいずれも病気になりにくい体を造るための条件です。

二つの条件は重なり合うところも多く、例えば肉体的な疲労または精神的なストレスは、健康的な生活から逸脱した状態（バランスを崩した状態）であると同時に免疫力の低下が指摘されます。

食事の面では、特定の食品群に偏った（バランスの悪い）食事摂取、例えば肉類またはご飯などの穀物を極端に多く摂取する、野菜だけを摂り、他のものは食べない（いわゆるベジタリアン）等は人体にとって必須の栄養素を摂れない可能性があります。

病気の多くは一部の先天的なものを除いては、生体のバランスが崩れたことによって起こる現象であり、例えウィルスなどの外部からの攻撃があって罹患したとしても、バランスの取れた体は重篤症状になりにくいものです。

### 〈予防の段階②――ウィルスに特化した対策〉

推奨されている個人の対策には次のようなものがあります。

・三密（密閉・密集・密接）になる場所に近寄らない
・マスクを付ける
・手を小まめに消毒する
・不要不急の外出を避ける

いずれの対策も感染リスクを下げる効果が期待できますが、絶対的なものではないため、予防①の全般的な状況を改善する方法と併用が望ましいと考えます。

〈予防の段階③—不安・パニックの防止〉

私どもの提唱するリスク管理手法では、精神面での対策は最重要項目になります。〈相手を知る—客観的な評価〉で見たとおり、コロナ禍は国ぐるみの対策によって現状では他の生命に関わるリスクより相対的に低いリスクと判断されます。

従って軽視はできませんが、一般的な自動車事故に遭わない用心、ガンに罹らない用心と同様にウィルスに罹らない用心を行うということになります。

現状では自動車事故に遭わないように四六時中不安になっているわけではなく、またガンに罹るか常に不安になっているわけではないのと同様に、必要以上に不安に駆られるのではなく淡々とコロナ禍からの対策を着実に行うのが正しい姿勢ではないでしょうか?

パニックにも種々の形があります。

例えば、いたずらに不安感を煽って振り込め詐欺・高額商品の売り込みなどに遭ってしまう。集団心理によって必要以上の買い物を行ってしまう(これは一種のパニックと考えます)等があります。

今回の新型コロナの場合での対応では…

事業所などでは従業員の中に発熱をした人がでてきたとき、不安感だけが先立ち、隔離・医療処置・対外的な広報などの必要な措置が遅れるなどが考えられます。予想される精神的な障害には、事前に手順を決めておく(頭の中で考えておくだけでもいい)だけでパニックを防ぐ効果があります。

如何でしょうか？

このレポートを3年後の令和5年から振り返ってみると、統計数字では多少の誤差がありましたが、一般的な危険性の指摘、対応方法などは時宜に適っていたことが分かります。

おそらく当時のマスコミによる大々的な報道に惑わされて、パニックに襲われていたならば、適切な判断ができていたかが危ぶまれます。

## 4. ハインリッヒの法則（経験値による確率論）

「ハインリッヒの法則について」

これはアメリカの技師ハインリッヒが発表した法則で、元々は労働災害の事例の統計を分析した結果、導き出されたものです。数字の意味は、重大災害を1とすると、軽傷の事故が29、そして無傷災害は300になるというもので、これをもとに「1件の重大災害（死亡・重傷）が発生する背景に、29件の軽傷事故と300件のヒヤリ・ハットがある。」という警告として、よく安全活動の中で出てくる言葉です。（参考：職長安全手帳　清文社　他）

### ◆四つのカテゴリーに当てはめてみる

労働災害に限らずほとんどのリスクがこの法則に当てはまるようです。

前出四つのカテゴリーに当てはめてみると、軽傷事故が③のカテゴリーに、重大災害が②のカテゴリーにそれぞれ当たります。

これはおそらく人がミスを犯してしまう確率から割り出された法則ですが、例えば300件のヒヤリ・ハットの事例を注意深く削減していけば、事故・トラブルの確率、重大災害の確率共に下がり、最終的には①のカテゴリーに収束すると考えられます。

逆に対策を何も行わず、注意も怠っていれば同じく300件のヒヤリ・ハットは増大していき、③のカテゴリー及び②のカテゴリーの確率が増大し、最終的には①のカテゴリーに行き着く結果となるでしょう。

よく考えれば至極当然のことですが、企業経営の場合、利益優先で他のことが疎かになると事故やトラブルが多発する可能性が高くなってしまいます。

やはりバランスというものが大事で、一歩引いて大所・高所から経営全体に目を配ることが窮地に陥ることのない方法ではないかと考えます。

## 5. リスク管理を行うときの落とし穴

最も大きな落とし穴というのは、トップ（あるいは企業全体）の気持ちの持ちようにあります。

物理的な対策をどのように進めても緊張感なく行われるのであれば、おそらくそれは「笊に水を入れる」のに似ています。

ここでは4つの諺（筆者が考えたものも含まれる）をご紹介します。

普段の企業活動にも役立つものと考えます。

### ◆喉元過ぎれば熱さを忘れる

これは古くからの言い伝えですが、労災事故などは同一の企業で（あくまでも私の経験ではありますが）およそ10年毎に同じような事故が続発する傾向があるように見えます。ちょうど前に起こった事故・事件が風化するのが10年ではないでしょうか。10年ひと昔とも言われます。気が緩むタイミングかもしれません。

マンネリで対策の実効性が低下していないか。

特に精神的な面で引き締めの時期にきていないか、経営者は再点検の時期にあることを認識する必要があります。

### ◆チェーンは弱い部分で切れる

平均的にはあまり心配する必要のないリスクでも、ひょっとして自社においては高い確率で起こるのではと、一度は立ち止まって考えたいものです。

事故・事件は万遍なく起こるのではなく、チェーンが弱い部分で切れるように、元々危険性が高い部分（企業）、対策を怠った部分（企業）で集中的に起こります。

自社内の対策は十分なのかどうか。

対策を怠っていて（チェーンが弱い部分）に当たらないかを再度検証します。

## ◆事件・事故は想定外で起こる

おそらく想定内で起こる事件・事故はないと思われます。

通常は数々の対策を行っていたにも関わらず、すべての安全対策・防御の網をすり抜けて起こってしまうのが各種トラブルです。

また東日本大震災のように当初の予想を遥かに上回る事態もあり得ます。

一般的ではありますが、こうした「想定外で起こる」事態を招く一つの原因は気の緩みにあります。

ここまでの被害にはならないだろう（リスクを甘く見る）

過去になかったから今後もないだろう（想定内であるにも関わらず勝手に想定外としてしまう）

こうした精神状態のときに突然重大事態が起こるとどうなるでしょうか？

間違いなくパニックが生じます。

気持ちがついていかず、もちろん対策も立てていないので呆然とするしかありません。行う対策が常に手遅れになるのはこのようなときです。

「事件・事故は想定外で起こる」この心構えは必要です。

日々の対策はこの考えを前提とします。

具体的には「予期せぬまたは想定外の事態になるためにはどのような条件が必要なのか？」と逆

転の発想で常に問うことです。

## ◆一のミスが十のミスを呼ぶ

所謂ボタンの掛け違いのことです。

例として

最初に計算した結果に誤りがあると、その結果を利用した後の計算はすべて誤りとなる。

緊急時の初動に誤りがあると、さらに頭に血が上ってしまって正常な対応ができなくなり次々とミスを重ねてしまう。

最良の対応はあらかじめ緊急時の対応について、時間をかけて十分に考えておくことですが、臨機応変に対応すべき場合には、最初にミスが出た時点で立ち止まり気持ちを調えて、周囲を観察、最初のミスを徹底的に修正する行動をとることです。

Chapter 02

# 第二章　事例研究

この章では比較的どの企業にも当てはまると思われるいくつかの具体的なリスク管理事例を見ていきます。

なおここで示す事例は平均的な対応策であり、自社に当てはめる場合にはリスクの軽重を考えてしっかりとアレンジすることが必要です。

事例１　労災
事例２　再建回収
事例３　クレーム
事例４　賠償問題
事例５　事故・災害

## 事例１　労災

### ◆全般的な状況：労働災害の実態

表１．令和３年度就業者数及び労災死傷者数（厚生労働省ホームページより）

| | 就業者数（万人） | 死者数（人） | 死者数レシオ | 死傷者数（人） | 死傷者数レシオ | 死傷者レシオ10年間割合 |
|---|---|---|---|---|---|---|
| 全産業 | 6860 | 867 | 1/79123 | 130586 | 1/525 | **1/53** |
| 建設業 | 482 | 288 | 1/16736 | 14926 | 1/323 | **1/32** |
| 製造業 | 1037 | 137 | 1/75693 | 26424 | 1/392 | **1/39** |
| 運送業 | 350 | 95 | 1/36842 | 16355 | 1/214 | **1/21** |
| 社会福祉 | 884 | — | — | 12797 | 1/691 | **1/69** |

※新型コロナ関連を除く、―統計数字無し、社会福祉欄の就業者数は統計数字の医療福祉就業者数による

令和３年度における労働災害の死傷者数（新型コロナ関連を除く）は１３０５８６人、死者数（同）は８６７人となっています。（厚生労働省ホームページより）

日本の労働人口は令和３年度６８６０万人です。

ここからおよそ労働人口７万９千人に一人が労災で死亡。５２５人に一人が休業４日以上の死傷を被ったことになります。

労働災害の多発する業種は建設業、運送業などが挙げられ、例えば建設業では、就業者数４８２万人に対して、死者数２８８人、死傷者数２８６０５人、従って１万６千人余りに一人が死亡、１６８人に一人が死傷となります。

表１右端の数字は年間レシオを10倍したものですが、10年間の単位で見ると、どの産業も数十人に一人が死傷していることになります。

つまり、どのような産業、小企業においても被災の可能性があるということに注意が必要です。

次に労災問題に対処するいくつかの視点を取り上げます。

## ◆過労死について

平成12年3月24日に最高裁で判決された電通の過労死事件は、労働災害はケガだけではなく過労による精神疾患（過労死）も対象となることを世間に知らしめることになりました。

同時に判決の内容は従来の雇用側にあった考え方の変更を迫ることにもなっています。

判決文の一部を抜粋してみると、

①うつ病になりやすい体質もあったという雇用側の抗弁は、事前に配置転換によって避け得ることができた

②家族は体調の変化を見ているのだから、事前に休ませるよう説得することができるという雇用側の抗弁に対して、独立した社会人として自らの意志と判断に基づき業務に従事している人間に対して、家族が容易に勤務状況を改善する措置を取り得る状況にはなかった

このように述べて、雇用側の全面敗訴に至っています。

## ◆安全配慮義務違反

・労働災害訴訟において、度々取り上げられる安全配慮義務違反とはどのような背景によって成立しているのでしょうか？

最初に最高裁判所によって判決が下されたのは昭和52年2月25日第三小法廷においてでした。

自衛隊に勤務していた隊員がトラックに引かれて死亡し、その後遺族が国に対して賠償請求した

事例です。第一審・第二審とも遺族側の請求が認められませんでしたが、最高裁判所は下級審の判断を覆して、国の責任を認める判断を下しました。その判断の根拠となったのが、「安全配慮義務違反」です。

民法第一条2では、権利の行使及び義務の履行は、信義に従い誠実に行わなければならないと記されていますが、労働契約にも、この原則が当てはまること、さらに労働契約に明記されていなくても黙示（暗黙の了解）によって双方に（使用者側だけでなく労働者側にも）安全配慮義務があると考えられています。

・一般的には、一方が他方に対して事故などにより損害を与えた場合には、民法709条不法行為責任により、訴えを提起します。

但し、不法行為での提訴では（当時の）時効が3年であり、上記事例では不法行為での時効が過ぎていたため補償請求できませんでした。

そこで、**債務不履行（安全配慮義務違反）**（当時の時効は10年）での請求が行われ損害賠償請求が認められることになりました。

・現在の時効

令和2年4月1日に改正民法が施行されています。

改正後の時効について

・**債務不履行責任**では、債権者が権利を行使できるときから10年が経過したときに債権が時効によって消滅することに加えて、債権を行使できることを知った時から5年が経過したときにも時効によって消滅する旨改められました。（改正民法166条）

・**不法行為責任**では、損害賠償請求権を被害者が損害及び加害者を知った時から3年行使しないときに時効によって権利が消滅し、また不法行為から20年経過したときも権利が消滅します。

なお、人の生命又は身体を害する不法行為については、3年ではなく5年とするとしています。（改正民法724条）

・どちらに立証責任があるのか

一般的には、債務不履行責任では、債務者側が「私には責任がありません」と立証しなければなりません。

それでは「安全配慮義務違反」ではどうなるのでしょうか？

「安全配慮義務違反」は債務不履行責任なので、普通に考えると債務者（ここでは使用者側）が私には責任がありませんと立証することになります。

しかしながら、最高裁判決昭和56年2月16日では、「安全配慮義務の内容を特定し、義務違反の事実を主張・立証する責任は損害賠償を請求する原告が負う」として、不法行為と同様に債権者（受傷した労働者）側に立証責任があるとしています。

・（建設業）元請企業の責任

最高裁判例平成3年4月11日によれば、「下請企業の労働者が元請企業の作業場で労務の提供をするに当たり、元請企業の管理する設備工具等を用い、事実上元請企業の指揮監督を受けて稼働し、その作業内容も元請企業の従業員とほとんど同じであったなど原判示の事実関係の下においては、元請企業は、信義則上、右労働者に対し安全配慮義務を負う」として元請企業の責任を肯定しています。

・過失相殺

債務不履行責任においては、418条において債権者（労働者側）に過失があった場合には、これを考慮して損害賠償の責任及びその額を決めるとしています。

また、不法行為責任においても722条において同様の条文があります。

・民法について

民法の精神は「最初に公平・平等な判断と損害の負担という目標が優先され、次に法律の解釈」というのでしょうか？

安全配慮義務違反という概念も、法律をダイナミックに解釈して、不利益を蒙りやすい労働者側の権利を公平に判断した結果ではないかと考えられます。

また、それだけではなく労働者側も仕事に従事するにあたっては、安全に仕事を行っていくという義務（契約上の義務＝安全配慮義務）があることを暗に示しているとも言えます。

## ◆取締役の個人的な責任

労災について取締役の個人的な責任を認めた判例があります。
判決文には、取締役の責任を認めるに至った具体的な事例が述べられています。

・従業員の過労死と取締役の第三者に対する責任

大阪高等裁判所平成23年5月25日

Aは Y社に入社し勤務していたところ、急性左心機能不全により死亡した。

Aの両親が、原因は Yでの長時間労働にあると主張して、Yに対しては不法行為又は債務不履行（安全配慮義務違反）に基づき、Yの取締役に対しては不法行為または会社法429条第一項に基づき損害賠償を請求した。（会社と役員の両方に責任があると訴えた）

原審（地方裁判所）では Aの死亡原因は長時間労働であるとし、Yの不法行為及び取締役らの会社法429条第一項による責任を肯定した。

Yらが控訴した。

判決　控訴棄却（雇用側の敗訴）

労使関係は企業経営について不可欠なものであり、取締役は、会社に対する善管注意義務として、会社が使用者としての安全配慮義務に反して、労働者の生命、健康を損なう事態を招くことのないよう注意する義務を負い、これを懈怠して労働者に損害を与えた場合には会社法429条1項の責任を負うと解するのが相当である。

（役員等の第三者に対する損害賠償責任の条文）
会社法第４２９条１項
　役員等がその職責を行うについて悪意又は重大な過失があったときは、当該役員等は、これによって第三者に生じた損害を賠償する責任を負う。

裁判官の判決理由は次の通り
①Yは給与体系として、基本給の中に時間外労働80時間分を組み込んでいたため、そのような給与体系の下で恒常的に1か月80時間を超える時間外労働に従事するものが多数出現しがちであった
②36協定においては、時間外労働の延長を行う特別の事情としてイベント商戦に伴う業務の繁忙の対応と予算決算業務が記載されていたが、現実にはそのような特別な事情とは無関係に恒常的に36協定に定める時間外労働を超える時間外労働がなされていた
注：36協定＝労働基準法第36条に定められた労使の時間外労働に関する協定
③このような全社的な従業員の長時間労働について役員は認識していたか、極めて容易に認識できたと考えられる
④しかるに入社後研修においても、給与の説明にあたり1か月300時間の労働時間を例にあげていた状況であったし、社員心得では、出勤は30分前、退勤は30分後にすることが強調されているが、働きすぎを避ける健康管理の必要性には何ら触れられていない

⑤また店長に配布されている店舗管理マニュアルには、効率の良い人員配置が必要であることが記載されているが、社員の長時間労働の抑制に関する記載は全く存在していない

⑥人事担当者による新入社員の個別面接においても、長時間労働の抑制に関して点検を行ったことを認めるべき証拠はない

以上のとおり、役員は悪意または重大な過失により、会社が行うべき労働者の生命・健康を損なうことがないような体制の構築と長時間労働の是正方策の実行にかんして任務懈怠があったことは明らかであり、その結果Aの死亡という結果を招いたのであるから、会社法429条1項に基づく責任を負うというべきである

労災のリスクに対して、具体的にはどのような対策があるのでしょうか？

各ステージごとに確認してみます。

## ◎予防のステージ

企業において労災を撲滅しようとするのであれば、第一に社内に撲滅の機運を醸成する必要があります。

これは取りも直さず企業トップの決断一つに係っています。

どのような対策を立ててもトップが本気にならなければ労働災害はなくならないでしょう。

実際の活動ではどのように労災撲滅の機運を高めるのか？

過労死（または病気の発症）事例について「早く帰ったほうが良い」「病院へ行ってみたら?」など言葉だけでは不十分であることが判例によって明らかになっています。

実効的な制度を採用する必要はないでしょうか?

以下は実際に行われている対策の例です。

・長時間就労の多い職場では、過労を防ぐために強制的に就労時間の短縮を行う仕組みを作る（分担する作業の配分を変える、消灯時間になったら電気が消える等）
・作業場において（作業効率のために）安全装置を取り外した機械設備がないか、喫煙などは所定の場所で行われているのか等、基本的な安全対策を一覧にして定期的にチェックを行う
・危険な職場では服装、装備などを上司（または同僚同士で）が就労前にチェックする仕組みを作り、一定の基準に達しない場合には就労させない仕組みを作る
・うつ病などの精神疾患が疑われる場合には、強制的に医師の診断を受けさせる制度を採り入れ、必要であれば家族へ連絡して協力を仰ぐ体制を構築する
・労災への配慮に関して人事考課の一項目とする
・トップの役割として、定期的に（あるいは抜き打ち的に）構築した制度をチェックして実効性を維持する（さらには不備がある場合、何らかのペナルティーを科す）

多くの企業がこうした制度を手掛けていますが、形骸化することなく制度の維持を実効性のあるものにするためにはトップの粘り強い努力を必要とします。

## ◎緊急対処のステージ

ケガによる労働災害が起こった時、ただちに被災者を病院に搬送し、関係先（警察や労基署等）へ連絡を行い、以後粛々と手続きが進められていきます。

ケガは労災であるかどうかの判別が容易であって、判断を躊躇する必要はほとんどありません。

やっかいなのは、精神疾患により休職する、あるいは心疾患、脳疾患などに罹患するなど労災であるのかどうか判断が分かれる場合です。

企業では私的な疾病と考えていたものが、ある日突然被災者（又は遺族）側から労災申請する旨連絡を受けて混乱する、という事態は避けたいものです。

平成23年12月26日付で、厚生労働省労働基準局長が都道府県労働局長に宛てた「心理的負担による精神障害の認定基準について」では、労災認定において影響を与える出来事が表として示されています。

一例として、下記のような事態が現場で発生していれば、ただちに上司に対象社員へ精神的負担を減らすよう適切な処置を指示します。

特に強い影響を与えるものとして挙げられているのは

・業務に関連し、他人を死亡させ、又は生死に関わる重大なケガを負わせた
・強姦や、本人の意思を抑圧して行われたわいせつ行為などのセクシャルハラスメントを受けた
・発症直前の一か月におおむね160時間以上の時間外労働を行った等

心理的負担の強いものとして挙げられているのは
・会社の経営に影響を与えるような重大なミスをし、事後対応にも当たった
・業務に関連し、重大な違法行為を命じられた
・客観的に、相当な努力があっても達成困難なノルマが課せられ、達成できない場合には重いペナルティーがあると予告された
・二か月間で概ね（一月につき）120時間以上、または三か月間で（同）100時間以上の時間外労働を行った等

こうした事実が確認されれば、既に（事故は起きていて）緊急対処の段階に入っていると認識する必要があるでしょう。

被災した社員（または遺族）への対応には特に注意が必要です。誠意をもってあたることは、無用のトラブルを防ぐことになり、また周囲の従業員は会社がどのような対応を見せるか注視しているものです、くれぐれも社員の士気を削ぐような対応をしないように心がけます。

労働災害では、賠償問題が避けて通れない時代になっています。問題がこじれて裁判になる以前に被災者（または遺族）と和解・調停などで解決することを目指します。

## ◎アフターフォローのステージ

### 社員の士気

危険作業を行う現場で事故があった場合、周囲の従業員も恐怖を抱くことになります。こうした時は、朝礼・講習会など折に触れて、手順を守り作業を行うことで事故は必ず防げるという信念を社員に植え付けることが必要になります。

また、再度作業手順を見直して不備はなかったか確認も行います。

一度事故が起こると続けて起こることがあります。行われてきた安全への配慮・手順が惰性によって形式的になり、所謂スキを作ってしまっていないか?

特に精神的な面においては、どこに隙があるのか?　原因を見つけにくいことが多いため注意します。従業員が「これくらいは良いだろう」「これはいつも通りだ」という思い込みが強いと、原因を探すときに最初から除外してしまい、いつまでたっても同様の事故が起き、原因が突き止められないという事態が起こり得ます。

経営者として現場に入り、一から見直しをすることが必要なときです。

### 被災者の職場復帰

被災者が復帰するまでには通常長い時間がかかります。

また、復帰した後も後遺症を残していることも少なくありません。

経営者としては、労災の場合だけではなく、或る日突然に要となる人材が退職するなどの場合に備えて、各従業員の仕事の割り振り、ルーティンをシミュレーションしておくことが、万が一の場合への備えとして有効です。

特に鍵となる人材に重要な仕事を多く割り振ることは、潜在的なリスクを大きくします。各人に重要な仕事をできるだけ均等に割り振り、誰が抜けても比較的短時間に穴をふさぐことができ、円滑に仕事が進むという体制を整えることが有効なリスク対策となります。

## 賠償金がある場合の資金手当て

労災賠償については、近年高額な事例が出ており、万が一の場合自社資金では賄えない事態もあり得ます。

リスクを転嫁するために各保険会社の商品を比較して購入することは有効な方法となります。

通常、賠償保険では賠償金だけではなく、条件はありますが弁護士費用なども補償する内容の商品があります。自らに合った商品を選びます。

## 事例2　債権回収不能

売り上げた債権が回収できない事態は日常的に起こり得るトラブルです。

通常は翌月に何事もなく取引先からの入金があるものですが、取引先の事情によっては滞る場合もあります。

このような場合、法律的に滞った債権を回収しようとするとなかなか一筋縄ではいかないのが常です。

債権（すなわち売上）をスムーズに回収するにはどのような対策が必要なのかは、おそらくすべての企業にとって考えておくべき事例です。

## ◆全般的な状況（消滅する企業数）

2022年7月の総務省統計局資料では、全産業での事業所数は5，340，783件（平成28年度現在）、年度初めからは806，037件が廃業し、新設事業所が535，918件できました。

もし新設事業所がなければ、7年弱ですべての事業所が消滅する計算になります。

（5，340，783件÷806，037件≒6.6）

それほど事業所の生き残りは難しく、弱い事業所は容赦なく淘汰されていく運命にさらされます。

こうした中で企業は取引を行なっていくため、必然的に自らの債権を回収するリスクが存在します。

万が一、取引先の事業所が何らかの理由で債務を返済することなく倒産（債務不履行等も）してしまった場合、持っている債権の規模によっては自らが壊滅的な打撃を被ることもあり得ます。

また債務者が親会社など優越的な地位にある場合には、支払い余力があっても苦しい状況だからなどの理由で意図的に支払いを停止するなどの行為に及ぶ可能性もあります。

どのような手立てでこうした事態を防いでいくのかは企業が生き残るための大きな課題です。

## ◆法律問題

債権回収問題において大きな比重を占めるのが「法律」と「契約書」です。

商取引は法律に基づいて行われ、その基となるのが契約書です。自らに有利な内容で、万が一の場合には持っている債権が回収できるように契約内容を整えます。

売先企業が倒産等で債務不履行になった場合の売買契約に関係する法律は次のようなものがあります。

〈債権者平等の原則〉

金銭に換算できる債務者の財産を処分する場合、すべての債権者に平等に配分するという原則。

この例外が〈抵当権〉〈質権〉〈譲渡担保権〉などで、優先的に債権を回収できる権利があります。

また〈先取特権〉で保護される債権が法律で定められていて、これは他に先立って債権を回収することができる権利です。

〈先取特権〉

民法303条：先取特権者は、他の債権者に先立って債権の返済を受ける権利があると規定しています。

なお、場合によっては一部の先取特権を除いて当事者間であらかじめ先取特権を排除できる契約を結ぶことは可能と考えられています。

（債権保全に掛かった共益費用、従業員の給与、葬儀費用、日用品購入費用については先取特権が優先されるようです）

―販売した商品の代金が未回収の場合―

この場合、先取特権が認められます。売主は代金が回収されるまで、法律により売った商品に先取特権があるとされています。

そして、売主が売った証拠を提出すれば競売を行い代金回収することができます。

さらに買主が商品を売ってしまっていても、その販売代金を差し押さえることもできます。

―販売した商品以外の動産が売主の手元にあるとき―

もし買主所有の動産（商品・製品等）が売主の手元にあるとき（留置物）、そして販売代金が回収できない場合には競売の申し立てができ、競売によって得た金額は販売代金の穴埋めに使えます。

他の債権者からの配当要求がないため、事実上優先的に返済を受けることができます。

参照：ここまで知っておきたい債権回収の実務：永石一郎、大坪和敏、渡邉敦子著　中央経済社

〈質権〉

売上代金が返済されなかった場合、品物を売って債権回収の一部とすることができる。

質権は相手の財産が債権者の手元になければ有効にはならない。

優先弁済的効力が認められる

〈抵当権〉

借金（売上金を含む）が返済されない場合、担保とした不動産を競売にかけて売却して、その代金から他の債権者に優先して返済を受ける権利。

動産の担保権は農業用動産、自動車、航空機、建設機械に設定することができます。

優先弁済的効力が認められる

〈譲渡担保権〉

債務者の財産を返済が終わるまで一時的に（仮に）債権者の所有としておき、返済が終わったら債務者に所有権を移す方式。もし返済が滞った場合には所有権や財産が完全に債権者に譲渡されてしまう。

優先弁済的効力が認められる

〈特約によって優先弁済権を得る〉

売買契約書などによって、他の債権者に優先して返済を受ける旨の特約を定めておくことはできるでしょうか？

債権者平等の原則からすると無理があるようにも見えますが、契約当事者間で定めたものについては、必ずしも無効ではないとの最高裁判所の判断があります。（第四章　第二部7　別除権についての解釈が変更された？　参照）

〈強制執行認諾文言付き公正証書〉

相手の財産を差し押さえる場合には、裁判手続きを経る必要がありますが、本公正証書があれば、これを省略できます。

一定の条件があり、

①一定の額の金銭の支払いを目的にする

②強制執行認諾文言「債務者は金銭の支払が滞った場合、ただちに強制執行されても文句を言えない」などの公正証書があること。

〈無催告解除〉賃貸借契約の場合

賃貸契約の場合、無催告解除条項が付されます。相手方が契約書上に明記された条項に違反した場合、催告を行うことなく契約を解除できる条項です。

なお、裁判上では本条項があるからといって無制限に使用できるものではないとの判断が示されています。

案件の内容によって認められるか否かが判断されています。

〈留置権〉

返済を受けるまでは、手元に品物を置いておく権利ですが、返済がないからといって勝手に品物を売ってしまうわけにはいきません。

優先弁済的効力は認められないとしつつ、但し上記例のように事実上の先取特権があります。

以上のような法律を整理してみると、もし取引相手が債務不能になった場合には。

先ず抵当権、質権、譲渡担保の約定により債務が返済される。

次に倒産に至った場合には。

先取特権により、先取特権者が債権の返済を受けるが、契約書で交わした特約により先取特権者より先に債務の返済を受ける者がいることになります。

（おそらく管財人と特約を結んだ債権者との間で争いにはなると思われますが）

最後に債権者平等の原則から残った他の債権者の間へ平等に債務が返済されます。

従って容易に想像がつくのは、上位の債権者によって債務者の有望な財産が押さえられてしまうため、一般の債権者にとって債権の回収はほとんど望めないことです。

残った他の債権者というのは、債務者をお得意様とする企業・個人などであり、平常はとても相手に対して、事前に債権の保証を求めることなどできない関係も多いと思われます。（もしそうし

たことを申し入れたとしても、「じゃあ他で頼むから」と言われて取引先を失う可能性も大きい）

**一般の債権回収の難しさは売買の上下関係にあります！**

## ◎予防のステージ

〈少量の取引を多くの取引先と〉

売上に占める割合の高い取引先は潜在的に高いリスクがあるため、多くの取引先と少量ずつ取引を行うことがリスクを下げます。

特に協力企業として大手企業の商品・部品を作る立場にいる場合、相手方の支払い能力には問題がなくとも、相手方の都合により取引停止となるリスクは常に存在します。同様にコスト削減を理由に製造物の値下げを要求されることも多々あります。

取引先の多様化を図ることは、企業の生き残り戦略の中では主要な目標となるでしょう。

〈契約書の見直し〉

債務不履行などの危険負担については、例え協力企業という立場でも、できる限り平等性を主張し、契約書上で文章にしておくことが望ましいと言えます。

以下の条文例は売主側に有利なものとなっています。取引先との力関係にもよりますが、万が一の債権回収に備えてできれば入れておきたい文言です。

―期限の利益条項―

期限の利益というのは、支払いを一定期間後に支払う、または分割払いで支払うという債務者が一定期間の後に支払いを行うことを債権者が了承することです。

これによって、債務者は商品の購入後ただちに代金を支払わなくていい権利（利益）を得ることができます。

契約書上では次のような文言となります。

・第　条　期限の利益の喪失

乙（買主）に、以下の各号に規定する事情が生じた場合には、乙は甲からの通知催告がなくとも当然に期限の利益を失い、ただちに、残債務全額を一括して支払わなければならない。（下線部分で、通知催告の上という文言もありますが、この場合には一手間そして時間がかかります）

①乙が個別契約に基づく本件商品の代金の支払いを行わないとき

②乙が振り出し、引受又は裏書した約束手形・為替手形・小切手が不渡りになったとき

③乙が銀行停止処分を受けたとき

④乙に対して、競売、差押え、仮差押え又は仮処分の申し立てがなされたとき

⑤乙が、破産手続き開始、民事再生手続き開始、会社更生手続き開始、特別清算手続き開始の申し立てを行い、またはこれらの申立てを受けたとき

⑥乙の信用及び資力が悪化したと甲が認めるとき（下線部分が無い場合、信用及び資力が悪化した場合の客観的な証明が必要になります）
⑦その他、本契約の定める各条項に違反したとき

―解除条項―

品物を先に納入して、後から代金が支払われる契約の場合、たとえ代金の支払いが遅れても、契約書に従って納入先から追加の品物の納入を要求される恐れがあります。

このようなことの無いように、あらかじめ契約書には支払いの遅延があったときには、納入も差止ができる旨入れておくことで、後のトラブルを未然に防ぐことができます。

・第　条　解除
1　乙が前条の各号に違反したときは、甲は何らの通知催告をせず、ただちに本契約の全部又は一部を解除することができる。（下線部分では通知催告を不要としてただちに解除することができます。また全部又は一部とした場合、取捨選択して自らに都合の良い条文は残すこともできます）
2　前項に基づいて、本契約が解除されたときは、乙は甲に対して、本契約の解除により乙が被った損害を賠償するものとする。

―所有権の条項―

また次のような条項を入れることで、いざという時に納入した商品を引き上げることが可能になります。

・第　条　所有権の帰属

甲及び乙は、甲が乙に対して引き渡した本件商品の所有権は、乙が甲に対して代金の全額を支払うまでは、すべて甲に帰属することを確認する。（この条文をいれることによって、万が一の場合納入した後でも商品を引き上げることができます）

※上記条項文は、債権回収のゴールデンルール（第二版）弁護士奥山倫行著　株式会社民事法研究会刊行　による

〈信用調査〉

常に取引先の経済状況を把握することは、債権保全の基本です。

調査は定量的要因と定性的要因の二つの面から進めます。

・定量的要因の分析

定量的な要因の分析というのは、決算書の内容（数字）を分析して取引先の経済状態を推し量ることです。

決算書の内容というのはあくまでも過去の経済状態を表したものなので、一応の目安という意味合いが強いものですが、過去の連続した決算を見ることによって、その延長線上の現在及び未来に

ついてもある程度予想できるものです。

中小・零細企業の場合には取引先の決算書を取得することは困難ではありますが、運よく取得できた場合には内容を分析することで相手先の内部事情を垣間見ることができます。（取引先同士で毎年お互いの決算書を交換して信頼関係を深めていくことは極めて有意義であると考えます）

・利益を見る
決算書の中で最初に目が行くのは、損益計算書上の税引後利益です。

最終利益が出ていれば、とりあえず取引先企業が安泰であると予想ができます。

しかしながら一期だけの決算書上の利益だけでは、毎年続く安定した利益なのか、その期だけの特殊事情から利益が出ているのかが解りません。

できれば複数年の決算書上で利益が出ていることを確認したいものです。

また税引前利益が出ていながら、支払うべき法人税が引かれていない場合には過去の累積損失が隠れている場合もあるので注意が必要です。

もう一つの注目すべき点は、営業利益がプラスであるかどうかという点です。

本業の儲けを示す営業利益が出ていれば、一応安心できます。こちらもできれば複数年の決算書上で確認を行うことにより、取引先に関する精度の高い判断（時流に乗った営業ができているか）が可能になります。

・簡単な取引先の資金繰りの確認方法

―流動比率―

貸借対照表の中で一年以内に現金化できる資産である流動資産（現金預金、受取手形、売掛金、棚卸資産等）を同じく一年以内に支払う必要のある流動負債（買掛金、支払手形、未払金、短期借入金等）で割った数字を見ます。

流動比率＝流動資産／流動負債×100（％）

これが流動比率と言われるもので、実務上この流動比率が150％程度以上あれば、取引先の資金繰りは余裕があると見ていいでしょう。

逆にこの比率が100％を下回った80％、70％であれば苦しいと想定します。

―当座比率―

また当座資産（現金預金、売掛金、受取手形、一時所得の有価証券など）を前出の流動負債で割った数字を見ることも有益です。

当座比率＝当座資産／流動負債×100（％）

こちらは当座比率と言われ、流動比率の計算から現金化に時間のかかる棚卸資産を除いた数字を流動負債で割ったものです。

当座比率が100％程度以上であれば資金繰りに余裕があり、40％、50％といった低い取引先は資金繰りが厳しいと考えます。

・定性的要因の分析

中小・零細企業の業績は社長の個人的な能力・性格に大きく依存しています。従って相手先企業の信用度合を測るためには社長を観ることが重要になってきます。また普段は社長と会えない場合でも、相手先企業の取引に対する姿勢でもトップの性格が反映されるため推測が可能です。

端的に言えば、手堅い取引を行う企業は信用感が大きくなります。

例えば…

少額の取引を長い年月続けている。

価格には厳しいが、こちらの利益も考えてもらえて長期の取引を心がけている。

などが挙げられるでしょう。

逆にこちらの提案に気前よく応じるような取引先は放漫経営ではないかと疑い、または金額は大きいが厳しく値引きを要求してくるなどの取引先は、一時の利益を優先させて取引相手から見放されることを想定しなければならない場合もあります。

こうした企業はどこかで躓き、短命に終わる運命が待ち受けていることも多いものです。

もう一つの視点として、販売している商品に着目することです。

時代に合わなくなった商品・サービスをいつまでも販売している場合などはじり貧になっている可能性があります。

同業他社に比べて質の問題はどうでしょうか？

宣伝が稚拙ではないでしょうか？

店舗販売であれば立地条件はどうでしょうか？

工事業であればどのような技術を持ち安定した取引先を持っているでしょうか？

売上が無ければ企業は成り立たないため、安定した売り上げを達成するためにどのような知恵を働かせているのだろうかを観察します。

債権回収に関する類書では、危ない取引先に関するいくつかの注目点を挙げていますが、行うには難しい項目が数多く掲載されています。しかしながら商品・サービスに注目して取引先の動向を観察するのは、日々の取引の延長上にあるので比較的ハードルの低い方法です。

もう一つの取り組みとして社員にも役割の一部を持ってもらうことです。

長期的な観察は経営者にもできますが、日々取引先と実際に会っているのは経営者自身よりも営業担当が圧倒的に多いものです。

取引先に関する不審な挙動（及び噂）については、必ず経営陣まで報告が上がってくるような仕組みを創っておきたいものです。

例えば…

取引条件が急に厳しくなった。

（資金繰りの都合から支払いサイトが長くなる、今まではなかった値引き交渉があった等）

所有していた不動産を売却する噂がある。

（資金確保のために行いますが、会社だけでなく経営者個人の不動産も当てはまります）

会社を身売りする、従業員の給与について遅延している等の噂がある。

（これが事実であればかなり逼迫した状況にあると推察されます）

参照：自分でできる信用調査と与信管理　窪田千貫　日本経済新聞　２００３年８月　初版

## ◎緊急対処のステージ

債権回収において緊急時とは何時のことでしょうか？

取引先と連絡が取れなくなってからでしょうか？

不渡り発生による倒産情報が来てからでしょうか？

しかし、この時点では既に取引先の窮状は絶望的な状態ではないかと思われます。

従って、事前に次のような事態（または兆候）に至った場合には、既に緊急対処のステージに入っているとみてただちに行動を起こします。

・支払い期日に入金がない

・手形のジャンプを依頼される、支払いサイトが伸びる等々

・給料の遅配や納品の支払いが遅れるなどの噂が漏れてくる等々

最初に行うのは取引先との協議。

いきなり納入した商品の引き取りや代金の即時取り込みなどは後々の信頼関係に傷がつくために極力避けたいところでしょう。

協議では取引先の状況がどのようになっているのかを知ることです。

おそらく相手は藁にも縋りたい気持ちで、自らに都合の良い説明をしてくる、ひょっとしたら「大丈夫！」の一点張りかもしれません。

それでも具体的な今後の売上の入金状況と当方への支払い予定を確認することです。また相手の言葉だけでなく社内の雰囲気が沈滞していないか、または浮足立っていないかなどを見極める必要もあります（あきらめムードが漂う、仕事が正常に動いているようには見えない等）。

こちらから面会のアポイントを取っても応じる気配がないときは、それだけ窮地に立っているという判断が必要になります。

相手方の説明がない、あるいは納得がいかないときには躊躇なく次の手を打っていくべきです。

取引の縮小または停止、納入した製品(未だ所有権が自社にあるもの)と債権の回収を開始します。

取引を縮小または停止することについて、どのような状態になった時にできるのか、契約書の文言を確かめてみます。

債務の延滞についてはどのような規定があるでしょうか？

（例えば一つの債務が一度でも滞った場合、すべての債務について期限の利益がなくなるとする文言がある等）

納入した製品の所有権はどの時点で相手方へ渡るように規定されていますか？

（例えば検品が終わって、相手から受領書を受け取った時、または製品代金を受け取った時等）

あらかじめ契約書に、一定の事由（債務不履行が一度でも起こった等）が生じた場合は製品を引き上げることができるという条項を設けておけば、契約を解除しなくても引き上げることが可能となります。

また、所有権が無いのにもかかわらず転売することは明らかな法律違反（詐害行為）ですが、転売されてからでは取り戻すのに大きな負担がかかる、あるいは取り戻せずに泣き寝入りしなければならないとも限りません。

例え所有権がこちら側にあっても他へ転売される可能性もあるために引き取りはただちに実行するべきです。

・不渡手形への対処
所持している手形が不渡りになることがあります。

このような時には振出人・裏書人・保証人に対して債権の回収手続きを行うことになりますが、「民事再生法手続きによる保全処分」や「会社更生申立による保全処分」の時には債権届出を行うことしかできません（つまりほぼ絶望的な状況と言えます）。

資金不足による不渡りの場合には振出人たちの財産の仮差押えを行い、さらに手形訴訟を起こして債権の回収を行うことになります。

・手形のジャンプを依頼された場合

取引相手から手形のジャンプ（支払い期日の引き延ばし）を依頼されときには、裏書人に対する権利を確保するために、一度は取り立てに出して、次に取り立てを撤回する手続きを踏む必要があります。また担保の提供を求めることのできる絶好の機会ともなるので、「強制執行認諾文言付き公正証書」などの方法を債権保全のために申し出てみることも一つの方法でしょう。

## ◎アフターフォローのステージ

欠損した資金をどこから調達するのかは大きな問題です。

考えられる調達先は

・自己資金
・銀行などからの借入
・保険などからの給付金

どのような資金を不良債権の処理に宛てたらいいのか？　言い換えれば最も経営に影響の少ない資金は何なのか？　ということになります。

順番に見ていきます。

**①売掛保証**

大手売掛保証会社のスキーム（枠組み）は次のようになっています。

保証の対象について

倒産又は一か月以上の支払い遅延があった場合（既に遅延している場合、トラブルによる遅延、取引先の登録情報が事実と相違がある、前金・違約金などは保証対象外）

取引先の事前審査

有り

料金プラン（凡例）

1取引先当たりの保証額1～50万円（合計1000万円まで）：月額9800円

同　1～500万円（合計3000万円まで）：同29800円

同　制限無し（合計7000万円まで）：同99800円

資料提供：株式会社ラクーンホールディングス

〒103-0014 東京都中央区日本橋蛎殻町1-14-14

**②大手保険会社の販売している商品にも債権保証を行う商品があります。**

契約自体は相手先の審査もなく簡単な手続きで加入できますが、その分少額の保証に止まっています。

保証の対象について

倒産又は一か月以上の支払い遅延があった場合

取引先の審査

無し、但し親会社・子会社、グループ会社など保険契約者の関連会社は保証の対象外、また取引の内容が有価証券・デリバティブ、不動産売買に基づく債権は含まれない等支払いに関しての取り決めがある。

保険料

契約する会社の売上高によって変わる

**③銀行からの借入**

不時の出費に備えて、緊急の借り入れ要請に応じてもらえる銀行は貴重な存在です。

こうした銀行を少なくとも一つは確保しておきたいものですが､それには普段から銀行の信頼(取引を行えば長期にわたって利益をもたらす存在と認識してもらう)を得ておくことが必要です。

具体的には次のような事柄でしょう

決算書上で見られるのは
・決算において毎期安定した利益をあげている
・自己資本比率が優良である（自己資本÷総資本×100％）
・流動比率が優良である（流動比率＝流動資産／流動負債×100（％））
定性的な部分で見られるのは
・後継者問題・社内の派閥争い等がない

見てお分かりのように、これらはいずれも債務者の信用調査に用いられる指標です。

「人の振り見て我が振り直せ」という諺どおり銀行からの信頼を得るために日々努力が欠かせません。

④自己資金

苦労して利益を出して積み立ててきた資金を不良債権の穴埋めに使うことには、大方の経営者が虚しさを覚えるのではないでしょうか？

できることなら前向きの投資に使いたいと思うのは自然の感情です。

自己資本を後ろ向きの事柄に使うのは、やはり最後の手段にしたいものです。

### 資金調達の考え方

売掛保証や保険は優れた方法ですが、経費が掛かります。

銀行からの借入は、最終的には利益から拠出することになります。

いくつかの要素（経費をリスク管理に宛てるのか？経費を使うとして割合はどうするのか？等）を加味して、単一の方法に依存するのではなく、自社に合ったバランスのとれた対策を模索していきます。

## 事例3　クレーム

### ◆全般的な状況

企業活動を行ううえで避けて通れないのが（主に）顧客からのクレームです。

令和2年度厚生労働省調査「職場のハラスメントに関する実態調査」では、過去三年間での顧客からの著しい迷惑行為を受けた者の割合は15％となっています。

（従って1年間では5％、10年累積では50％！）

職種別での高い割合の業種では、
電気・ガス・熱供給・水道事業23.3％

不動産・物品賃貸業22.6％

卸・小売業21.9％

受けた著しい迷惑行為の内容としては、

長時間の拘束や同じ内容を繰り返すクレーム（過度なもの）52％

名誉棄損・侮辱・酷い暴言46.9％

金品や土下座の要求24.9％

脅迫14.6％

暴行・傷害6.5％

「著しい迷惑行為」を受けた者の影響では、

怒りや不満・不安などを感じた67.6％

仕事に対する意欲が減退した46.2％

職場でのコミュニケーションが減った12.4％

眠れなくなった13.8％

会社を休むことが増えた4.9％

通院したり服薬をした4.3％

入院した0.8%

このように、顧客からの過度の迷惑行為は、社員の士気を低下させ企業の活力を削ぐことになります。

また、クレーム処理が円滑に行われないと、特に製品の瑕疵などが原因の場合、巨額の賠償問題に発展する可能性もあり得ます。

迅速・果敢に解決を図ることがクレーム処理の原則でしょう。

経営者として行うべきことは、自らを含めた社員全員がクレームを受けた時の対応方法を身につける仕組みを創ることです。

## ◎予防のステージ

クレームの項で予防のステージとは、企業の本分である営業活動の向上そのものに当たります。

例えば

法令に準拠した製品

安全であることを確認した製品

接客・製品において顧客満足度を高める姿勢

企業として社会に役立つ存在をアピールする理念の表明　等々

いずれの企業においても製品は万全を期して出荷されるでしょうし、また説明不足や接客のミスを防ぐように社員教育を行っています。

それでも人間の行うことですからパーフェクトが望めません。

従って次の緊急対処のステージの備えが必要となってきます。

## ◎緊急対処のステージ

実際のクレーム対応については、ほぼ定型的なフォームが出来上がっています。

そしてOJT（オンザジョブトレーニング）等により練習しておけば、多くのクレームが必要最小限の手数で解決できていきます。

クレーム処理は、ある程度技術の問題です。
①顧客からのクレームには最初に以下のような「お詫びの言葉」を発するように練習しておきます。
「ご不便をおかけいたしまして、誠に申し訳ございません」

「お時間をとらせてしまいまして、申し訳ございません」

「せっかく当社の製品をお使いいただきながら、誠に残念です」
②そして顧客の言い分を聞く姿勢を見せます。
行ってはならないのが
・説明や言い訳を先にしてしまう

・無表情や無反応でいること
・顧客の間違いを指摘する、反論する
などでしょう。顧客の言い分を聴く姿勢を見せないと相手の感情を逆なでして大きなクレームへの引き金になることもあります。

しっかり「相づちを打ち」「うなずき」ながら「聴く姿勢」というのも練習しておくことができます。
③さらに聴く姿勢だけでは不十分で、顧客の話を充分に咀嚼して事実関係を確認して、何が原因・問題になっているのかを把握します。
なお問題把握の部分では尋問・詰問口調にならないためにクッション言葉（恐れ入りますが等々）を入れるようにします。

後で確認できるようにメモを取ることを忘れないようにします。
④問題が明らかになれば、最後に解決策、代替案を提示します。
クレームには類型があり、過去のクレームを整理・研究することで大方の解決策は自然と浮かび上がってきます。
⑤明らかに嫌がらせや業務妨害と判るクレーム、また必要以上の対応を求める（例えば「土下座をしろ！」等の暴言を吐く）相手に対しては対応方法を変えます。
顧客の態度が社会常識に明らかに反していると判断した場合には毅然とした態度で臨むことが必要です。

例えば
今後弊社への出入りは禁止いたします
法的な処置をとらせていただきます
弁護士を通して対応させていただきます
等の言葉で応対しますが、くれぐれも相手が度を外れた場合の応対と心得ます。
法的な対応を行う場合には弁護士、相手の実力行使が予想される場合には警察に相談することも視野に入れます。

## ◎アフターフォローのステージ

当該社員への影響を計る

クレームを受けた社員へのメンタル面でのフォローが必要な場合があります。

社員個々人の感情は外からは分かりづらいものですが、クレームによって特に強い影響を受けたと考えられる社員には、アンケートを実施するという方法もあります。

例えば5段階判定方法で
・あなたは強いショックを受けましたか？
・仕事に対して意欲が落ちましたか？
・今後の対応に自信を持てなくなりましたか？

・仕事をやめたい（または配置転換を希望したい）と考えましたか？
・上司や周囲のサポートは十分に行われたと思いますか？
・身体的な不調が起こりましたか？
・仕事上でミスが多くなったような気がしますか？
・今後仕事を続けていくうえで改善点はあると思いますか？
・今回の件について自由に記述してください。（自由記述方式）

**・当該社員のメンタル面でのフォロー**

社員はどのような状態にあるでしょうか？

通常は不安。落ち込み、怒り、自信喪失等、マイナスの感情に満たされているはずです。こうした状態を放置しておくことは作業効率が落ちることもあり企業にとっては大きな損失でしょう。

時間が解決してくれるという面もありますが、積極的な修復策が必要な場合もあります。

なぜ重大なクレームになったのか？

という問いに対して当該社員自身・当該部署が肯定的な回答を考え出していくというのはどうでしょうか。

**私は何を苦にしているのだろう？**

**過去の試練・災難は既に終わっている**

**遭遇した試練・災難への備えも着々と準備が整っている**
**次に同じ試練・災難に遭ったとしても充分立ち向かえるだけの気力・技術が既に身についている**
**さて、私はいったい何を悩んでいるのだろう?**

一般的に過去のキズは時と共に薄れていき、しかし経験となって新たなスキルを獲得していきますが、意識的に言葉で表現することによって回復の促進をさせることができる可能性があります。

同じように言葉にするという方法では「社内で体験を発表する」というものがあります。

発表を聴いた人の中で同じような体験をしたという反応が返ってきて、連帯感が生まれる場合もあります。

また共感を覚えてもらえることで気持ちが和らぐかもしれません。

こちらも積極的に活用してみてはどうでしょうか?

・事件の後欠勤が多くなる、ミスが続発する等、業務に大きな支障が出ている等、身体的・精神的不調が続く時には、本人の意思を確かめて医療機関への受診を考えます。

・クレームデータの収集と分類
クレームを受けた社員個人の経験に終わらせず、今後のクレーム対応への経験として全員で共有します。

なお、社員から上がってきたクレーム対応の報告書をそのまま綴じているだけでは役に立ちません。データは活用できる体制にして初めてデータとなります。

一つの方法としてマトリックス形式のクレーム対応表（データベース）を作成するのはどうでしょう？

・製品別（製品Ａ　製品Ｂ　等）

・対応やサービス別（商品の主要なサービス　付帯サービス　電話をたらい回しにされた　真摯な態度が見えなかった　等）

・クレーム形式別（強硬な態度で謝意を示せと言われた　上司を出せと言われた　新品に替えろと言われた　慰謝料を請求された　等）

・対応別（上司が謝意を示した　損害金を支払った　代替品を渡した　丁重にお断りした　等）

・解決した経緯（こうしたら上手くいった　ああしたら上手くいった　等）

社員が作成するクレーム対応の報告書も、データベースに速やかに入力することができるように、データベースの項目に対応した書式にしておくと便利です。

参考文献：クレーム対応の基本が面白いほど身につく本　舟橋孝之著　中経出版

参考文献：明日から始められるメンタルヘルス・アクション　メンタルクリエイト代表　江口毅　著株式会社税務経理協会

参考文献：道は開ける　デールカーネギー著　香山昌訳　創元社

## 事例4　賠償問題

製造物責任をはじめ、取引上の行き違いによる賠償問題（製品納入の遅延、誤配送等）、知的財産権をめぐる賠償問題、社員の行う取引先への詐取、さらには株主から経営者個人への損害賠償を行う株主代表訴訟など多様な形態を持って企業（そして経営者）への責任が追及される事態が発生します。

賠償請求が起きた時、ただちに専門家（弁護士、弁理士等）に相談する企業も多いのですが、その前に行っておくべきことがいくつかあります。

即ち普段からの資料・情報収集、事例研究、賠償金の確保の目途です。

一般的な賠償リスクに対処する三つのステージで言えば次の通りです。

**◆予防**

適法な企業経営、過去に起こった賠償訴訟の資料・情報収集により危険予知を行い適切に対応する（計画変更、製品改良、説明文改正等）

**◆緊急時の対応（相手との交渉）**

先ず示談などの裁判外での早期解決を目指す。

過去の裁判例などを参考に方針（徹底抗戦を行うか部分的に抗戦するか、賠償金額の交渉、

その他自らの持っている取引材料をテーブルに乗せる等）を組み立て解決に向けて交渉する

**◆アフターフォロー（資金の確保など）**

賠償事案では共通して以下の三つの点を考えます。このステージではいち早く解決を行い本来の社業を軌道に乗せる。さらに同じ過ちを犯さない工夫を社内体制で構築していくことが必要です。

賠償金の確保
社内体制の変更（物理的な改革だけではなく、考え方の改革も含む）
事例の保管・研究

ここからは個別の賠償事例をとりあげていきます。

**◆製造物責任**

消費者庁の統計（全国消費生活情報ネットワークシステム（PIO-NET：パイオネット））によれば２０２１年度の危険情報は１，９３１件、危害情報が１１，２６３件と報告されています。（「危害・危険情報」とは、**商品・役務・設備に関連して、身体にけが、病気等の疾病（危害）を受けたという情報**（「危害情報」）と、危害を受けたわけではないが、そのおそれがある情報（「危険情報」）をあわせたもの）

この調査は最終消費者だけの、さらに人体への影響だけを対象にしているため、中間業者の被害、また物や金銭の損失を伴う事件・被害情報が含まれていません。

従って、製品・部品の欠陥による物理的・金銭的被害による賠償事例は、さらに多数にのぼるものと考えられます。

また、製品の欠陥や瑕疵による事故が起こった場合、社会的に広く認知された製品では、被害者に対する賠償だけではなく、実際には市場に出回っている同種商品の回収、購入者からの問い合わせ、マスコミからの取材への対応等大きな出費・労力を強いられることが予想されます。

判例上において製造物責任では次のような欠陥責任が認められています。
・企画、設計、開発段階での欠陥
・製造、販売段階での欠陥
・説明や表示上の欠陥
リスク管理における三ステージでの対応は、上に挙げた欠陥責任への包括的な対策が必要になってきます。

## ◎予防のステージ

企画・設計段階において各種法令に違反していないかをリサーチします。

関連法令を遵守していても欠陥による事故によって責任を問われることはありますが、裁判上での判決はこうしたことが加味されます。

製造工程上の不良品は、どうしても出てしまうということを念頭に置いて、不良品が市場に出ないために検品の徹底により最小限に（できれば完全に）止めることを目指します。

製品の危険性について最も的確に危険性を判断できるのは製造者自身ではないでしょうか？

商品の説明等の作成については、弁護士等専門家の意見をそのまま採用するのではなく、自らの胸の内を覗き、製品の危険性を考えて文章として落としこみを行うことが必要です。

協力企業の場合

親会社から仕事を請け負って部品・製品を納入する協力企業は、何かあれば親企業が守ってくれると考える傾向にあります。

しかしながら、現在の企業間では取引の長い間柄であっても、時に厳しい対応を迫られる場合があります。

先ごろ、缶詰を製造する協力会社が、製造した缶詰の中に虫が入っていたため、親会社から巨額な賠償金を請求された裁判がありました。（はごろもフーズと興津食品間の裁判）

できれば製品のトラブル発生については親会社の責任に、それが無理であれば危険負担の割合・目安を契約書に盛り込みたいところです。

自社の不手際や親会社の都合で支払いを停止される場合に備えて、契約書の内容に沿って問題を解決することができるよう契約書の内容を整えるのは予防策として有効と考えられます。

## ◎緊急対処のステージ

製造物責任事件は時間が限られていることが多いので、迅速な判断が求められます。

先ず行うのは事態の正確な把握、そして評価。

起こった内容を正しく把握しなければ急所となるべき手を打てません。

次いで起こった事態が経営にどれだけのダメージを与えるのか（評価）。

この二点を考えて対応策を構築していきます。

これまでの経験では、例外はありますが社会的に認知度の高い企業、商品にトラブルが発生すると、認知度に比例してマスコミの報道が過熱する傾向にあります。

このような場合、被害者への対応だけでなく、経営者自身が表に立ってマスコミとの会見・説明など対外的な対応を積極的に行う必要が生じます。

経営者として後ろ向きの態度をとることは、問題の傷を深めることになります。

先ずは早期に解決を目指し、事態を鎮静化させることに全力を注ぎます。

事態が裁判に至った場合には、他の賠償事案と同様に過去の判例を参照して法廷での対策を講じます。

## ◎アフターフォローのステージ

多額の賠償金及び関連支出の支払いは企業の業績に直結します。

製造物責任を問われると賠償金の他に、休業を余儀なくされた場合の休業損失、製品の回収費用、マスコミへの対応費用、さらに弁護士への支払いなど必要額は大きく膨らんでいきます。

業績を維持して賠償資金問題を解決する方法の一つは、賠償保険に加入することでしょう。経営形態に見合った内容で、なおかつ最小限の負担となるように設計します。

起こった事案についてリサーチも必要です。
・報告・連絡はスムーズに下から上に上がりましたか？
・出された指示は的確に実行されましたか？
・あらかじめ立てた対応策は予定どおり機能しましたか？
下から上への悪い報告というのは、各段階での責任問題が絡むため、どうしても滞りがちです。各段階を経るに従って、あるいはオブラートに包まれて、あるいは大事な部分が削除されて正確な情報が歪められる可能性が高くなります。

経営者がマスコミなど外部から指摘されて初めて真実を知った、ということが無いように再度社内体制の構築を見直します。

## ◆知的財産権

知的財産権（以後知財権と表示します）制度は人間の幅広い知的創造活動の成果について、一定期間の独占権を与えるようにしたのが知的財産権制度です（特許庁ホームページより）。

知財権は企業の売上、利益、そして存続にまで影響する重要な権利であり、取り扱いには十分な注意が必要です。

万が一にもこのような賠償問題（請求する側・される側に拘わらず）に巻き込まれることを防ぐために日頃からの備えを万全に行う必要があります。

知財権に関わる権利にはつぎのようなものがあります。

特許庁所管については

・特許権（特許法）
令和5年月1日現在の法令では次のようになります（以下の知財権も同様）
出願日から20年存続
民事的措置：差止請求、侵害行為差止の仮処分申請、損害賠償請求、不当利得の返還請求、信用回復のための措置の請求
刑事的措置：10年以下の懲役又は1000万円以下の罰金（併科も可）、法人が企業活動の一環として特許などを侵害した場合、最高で3億円の罰金。

・実用新案権（実用新案法）

出願日から10年存続
民事的措置：特許権と同様の権利が認められる
刑事的措置：5年以下の懲役又は500万円以下の罰金（併科も可）、法人が企業活動の一環として特許などを侵害した場合、最高で3億円の罰金。

・意匠権（意匠法）
意匠登録出願の日から25年存続
民事的措置：特許権と同様の権利が認められる
刑事的措置：特許権と同様の規定がある

・商標権（商標法）
設定登録の日から10年で終了するが、その後も10年毎に登録更新することができる
民事的措置：特許権と同様の権利が認められる
刑事的措置：特許権と同様の規定がある

さらに知財権を構成する権利として
・商品表示・商品形態（不正競争防止法）

民事的措置：特許権と同様の権利が認められる
刑事的措置：5年以下の懲役又は500万円以下の罰金（併科も可）、法人が企業活動の一環として特許などを侵害した場合、最高で10億円の罰金
犯罪行為において得た財産の没収

・著作権（著作権法）
著作者の創作のときから始まり、著作者の死後70年を経過するまで存続、また無名または変名で公表された著作物の著作権は、その著作物の公表後70年を経過するまで存続
民事的措置：特許権と同様の権利が認められる
刑事的措置：特許権と同様の規定がある

・回路配置権（半導体集積回路の回路配置法）
設定登録の日から10年存続
民事的措置：差止請求、補償金請求（設定登録前に模倣などを行った場合）、損害賠償請求
刑事的措置：3年以下の懲役又は100万円以下の罰金

・育成者権（種苗法）

品種登録の日から25年（果樹や樹木など永年性植物については30年）存続
民事的措置：特許権と同様の権利が認められる
刑事的措置：特許権と同様の規定がある

・地理的表示（地理的表示法など）
地理的表示法は農林水産所が所管する法律です。

登録後の存続期間の定めはありません。この法律においては、民事的措置は定められていませんが、例えば模倣などを行った場合には不正競争防止法などが適用されて賠償責任が問われる事態が発生することも考えられます。

刑事的措置：3年以下の懲役又は300万円以下の罰金（併科も可）、法人が企業活動の一環として規定違反を行った場合、最高で3億円の罰金。

・商号（会社法・商法）
民事的措置：侵害の停止又は予防の請求
刑事的措置：百万円以下の過料
が挙げられます。

## ◎予防ステージ

知財権において、トラブルを未然に防ぎ、権利を獲得するためには同様の権利が既に取得されていないか徹底的な事前調査を行います。

特許庁の所管する権利については、いずれの権利も出願または設定登録等の早い者に優先権があるため、調査は迅速・正確に行う必要があります。

独立行政法人工業所有権情報・研修館の運営する

**特許情報プラットフォーム－J-PlatPat [JPP] (inpit.go.jp)**

では特許庁の所管する特許、実用新案、意匠、商標について検索できるようになっています。

特許庁では次のような公報も出されていますが、通常は上記特許情報プラットフォームで調査することが資金的にも時間的にも無駄のない方法と言えます。

特許庁が発行する「公開特許公報」

公開された時点で未だ特許権が付与されていない出願が掲載されます

・「特許掲載公報」

特許が付与された出願が掲載されます

・「特許登録原簿」

公開後の特許権者の変動、専用実施件の設定といった権利関係が記載されます

・「登録実用新案公報」

出願された実用新案権について、およそ一か月後に公報が出されます。

なお実用新案権は、特許庁において内容を審査することはないので、案件が侵害されたときただちに警告などの手続きができるように、出願と同時に「実用新案技術評価書」を請求することを考えます（評価書がないと警告やその後の権利が行使できないため）

・「意匠公報」

登録された意匠権の内容を確認できます

・「商標公報」

出願された商標の内容を確認できます

また、社内の特許等企業秘密に関わる情報が外部に漏れないような対策を行う必要もあります。

企業秘密漏洩に関する社内規定、退職する社員との企業秘密漏洩に関わる協定などが想定されます。

物理的な措置として、重要な情報の入っている端末などは、ハッカー被害を避けるためにインターネット等外部との接続を遮断し、パスワードの厳格な取り扱い措置を徹底するなどの方法があります。

特許庁所管以外の知財権（不正競争防止法、著作権法、半導体集積回路の回路配置法、種苗法、地理的表示法）等について、禁を犯すのは誤りではなく確信犯として行う場合が多数ではないでしょうか？

事前調査を周到に行い、適法な業務を心がけることがトラブルを未然に防ぐ予防の第一歩となります。

## ◎緊急対処のステージ（相手との交渉）

リスクが現実のものとなる場合、知財権についてはどのような事態が考えられるでしょうか？

・自らの知財権を無断使用される
・知財権を取得している相手から、製造・販売している製品への警告、差止請求、損害賠償請求を受ける
・（特許の場合）特許公報の6ヶ月以内に、特許の取消しを求めて異議申し立てをされる、あるいは特許無効の審判請求をされる
・（実用新案の場合）実用新案登録無効の審判請求をされる

警告を受けた時、権利を侵害されたと思われる時、いずれも先ず自らの（あるいは相手の）権利について冷静に見直し・評価を行う必要があります。

戦う前に後ろを振り返り、万全の体制であるかどうかを確認します。

次にどのように相手と交渉を行うのか。

賠償請求そのものが不当なものなのか？

賠償金の額が不当なのか？

お互いに譲り合う和解の可能性はないのか等の検討を行い、対応方針を決定します。

知財権の場合にも、過去の裁判例などを参考に解決に向けて交渉を行いますが、とりわけ裁判例の中でどのような要素が重視されるのかに注意を向けます。

## ◎アフターフォローのステージ（資金の確保など）

他の賠償事例と同様に三つの視点（賠償金の確保　社内体制の変更　事例の保管・研究）が必要です。

・賠償金の確保

賠償金といえば「賠償保険」を思い浮かべますが、知財権については企業の格闘戦のような趣があるため、保険という範疇に入りにくい傾向があります。

先ずは利益によって積み上げた自己資金（または借入金）を賠償金に充てることを考えます。

賠償金の額については、次のように知財権の最近の判例でも、高額の判決が出されています。

令和４年10月20日知財高裁判決
特許権侵害による賠償請求事件
椅子式マッサージ機についての特許
賠償額：３９１，５４９，２７３円（損害額及び弁護士費用）

令和4年8月8日知財高裁判決
特許権侵害による賠償請求事件
プログラマブルコントローラ（制御機器）についての特許
賠償額：55，629，205円（弁護士費用500万円含む）

令和4年7月20日知財高裁判決
特許権侵害による賠償請求事件
インターネット上の表示装置、コメント表示方法、プログラムについての特許
訴えられた企業は、特許権の無効及びサーバーが日本国内にないために日本の司法権が及ばないとの主張をしましたが認められませんでした。

判決文一部

ネットワークを通じて送信され得る発明につき特許権侵害が成立するために、問題となる提供行為が形式的にもすべて日本国の領域内で完結することが必要であるとすると、そのような発明を実施しようとする者は、サーバー等の一部の設備を国外に移転するなどして容易に特許権侵害の責任を免れることとなってしまうところ、数多くの有用なネットワーク関連発明が存在する現代のデジタル社会において、かかる潜脱的な行為を許容することは著しく正義に反するというべきであ

る。

賠償額：1億円？　判例上の金額が伏せられているため正確な賠償金は不明です（弁護士費用1000万円）

令和4年7月6日知財高裁判決
特許権損害賠償請求訴訟
高速道路で使用される「車両誘導システム」の特許が原判決を覆し賠償請求が認められた事件
賠償額：26,930,317円（弁護士費用250万円含む）

・社内体制の変更（改革）・事例の保管・研究
知財権の賠償事案において、特に重要なのは自らのロジック（知財権に対する考えかた）に誤りがなかったかどうかを判別することです。法令違反と分かっていて行う確信犯的な事例は別として、どのようなロジックが敗因だったかの洗い出しを行うことで同じ誤りを避ける素地が出来ます。

また知財権について認められなかった判例を調査することで、自らの権利を多角的に分析して盲点がないかを確認することもできます。

最近の判例を二例挙げてみます。

令和4年8月22日知財高裁判決
商標権侵害行為差止訴訟
商標権「小野派一刀流」の差し止め訴訟が認められなかった事件

判決文一部

当該密接な関係により流派名が想起させる集団（団体）が、ただちに特定の役務の提供等の一主体となるような特定の団体であるということはできず、それは、当該流派を継承する複数の団体を含み得るより抽象的な集団にすぎないとみるのが相当である。そして、本件全証拠をもってしても、「小野派一刀流」が古武道の流派の名称であるということを前提にしてもなお、それが特定の役務の提供等の一主体となるような当該流派を継承する特定の団体を指すものであると認めるに足りず、「小野派一刀流」について上記と異なって解すべき事情は認められない。

令和4年7月6日知財高裁判決
特許権に基づく製造販売禁止訴訟
電気工事作業に使用する「作業手袋」の特許は既に発明されて、使用されているものであったことにより特許権侵害とは見做されなかった事件

判決文一部

そして、不特定多数の者が知り得る状況で実施されている発明であれば、「公然実施された発明」（特許法29条1項2号）に当たるものというべきであるところ、乙1製品の構成等は、外部機関に委託するなどすれば、通常の分析方法から知り得るものであることは、引用に係る原判決の第4の2カ10のとおりであるから、乙1発明は、公然実施された発明であるというべきであって、控訴人の主張は理由がない。（既に発明され実用化されているので特許を認めることができない）

・特許法29条1項：産業上利用することができる発明をした者は、次に掲げる発明を除き、その発明について特許を受けることができる。

1号：特許出願前に日本国内又は外国において公然知られた発明

2号：特許出願前に日本国内又は外国において公然実施された発明

3号以下：省略

## ◆株主からのクレーム・訴訟

マスコミの報道で大きく取り上げられることのある株主代表訴訟ですが、中小企業においても株主からのクレーム・訴訟は切実な問題として起こります。

・相続によって株主が分散してしまい、疎遠になり少数株主となった親族とのトラブル

・株式を互いに持ち合っている取締役間のトラブル

いわゆる「骨肉の争い」です。

利害がからむと親兄弟間でもトラブルに発展しがちですが、「和」を重んじ、日ごろから十分な意思疎通を図る必要があります。

不幸にもトラブルが起き、訴訟にまで発展したとしても、後に遺恨を残さないための努力も欠かせないのではないでしょうか？

## ◎予防のステージ

「和」を重んじる経営は必要不可欠です。

万が一大きな問題に発展しないためには基本的に三つの対策を考えます。

第一は少数株主にも平等（または平等以上）に会社の利益を配分する

第二は株式の分散を防ぎ経営基盤を強くする

第三は会社における株主総会などのイベント、会社と取締役との間の売買契約など後々問題となりそうな案件については適法に行い記録に残しておく

具体的には

・会社の運営を円滑にするために、また会社の重要な事項を決めるために代表取締役が株式の三分の二以上の株を保有しておくのが望ましい

・90％以上の株を保有している株主であれば適切な価格を提示して、他の株を強制的に買い取る特別支配株主による株式売渡請求制度を利用する

・株主総会の決議を無効あるいは不存在を提起されないために、株主総会は必ず実際に行う（議事録の作成だけでは、裁判になった場合主張・立証できない）
・株式所有権の争いを避けるために、株主名簿を作成して、株主を明確にしておく
・会社と取締役の売買契約等、重要な書類については、公証人役場において確定日付を取得する

などが考えられます。

出典：よつば総合法律事務所（yotsubasougou.jp）ホームページ

※株式売渡請求制度：平成26年の会社法改正によって新設された制度、一人または一社が90パーセント以上の株式を取得している必要があります。

## ◎緊急対処のステージ

株主が取締役に対して責任を追及する場合、先ず会社に対して取締役へ責任追及するよう求め、会社が責任追及を行わなかったときに株主が直接役員に対して損害賠償請求を起こすことになります。トラブルが長引けば本業に全力を注ぐことができず業績に悪影響を与えることになるので、他の賠償事案と同様に、出来るだけ早期に、できれば裁判に委ねるまでならないように、穏便に解決する手段を模索します。

なお、不当な株主代表訴訟を起こされた場合、被告となる取締役が裁判所に対して、裁判を起こした株主に相当の担保を提供することを命じる申し立てを行い対抗することもできます。

出典：よつば総合法律事務所（yotsubasougou.jp）ホームページ

担保提供の申し立ての目安としては次のような決定が参考になります。

東京高裁決定平成7年2月20日　担保提供申立却下決定に対する抗告事件

判決文の中で株主代表訴訟において、原告側の請求に理由がないことの疎明（客観的に証明できる資料など）がある場合について、次のように示されています。

主張自体が失当である場合

請求原因事実の立証の見込みが極めて少ないと認められる場合

被告の抗弁が成立して（株主代表訴訟の）請求が棄却される蓋然性が高い場合

（有斐閣社　商法判例集第七版　山下友信、神田秀樹著）

## ◆アフターフォローのステージ

賠償金の確保については、可能であれば保険に加入することが合理的な問題解決方法です。

多額の賠償金・弁護士費用を役員個人で支払うことは現実的ではなく、また契約は企業が行い、保険料も基本契約部分は企業の経費（特約部分は役員の給与）として認められます。

《国税庁ホームページより》

(1)　基本契約（普通保険約款部分）の保険料

基本契約に係る保険料を会社が負担した場合の当該保険料については、役員個人に対する給与課税を行う必要はないものとする。

（理由）

① 第三者から役員に対し損害賠償請求がなされ役員が損害賠償責任を負担する場合の危険を担保する部分の保険料は、所得税基本通達36－33及び法人税基本通達9－7－16の趣旨に照らし、この部分の保険料を会社が負担した場合であっても、役員に対する経済的利益の供与はないものとして給与課税を行う必要はない。

② 役員勝訴の場合の争訟費用を担保する部分の保険料は、役員が適正な業務執行を行い損害賠償責任が生じない場合にその争訟費用を担保する保険料であり、この部分の保険料を会社が負担した場合であっても、役員に対する経済的利益の供与はないものとして給与課税を行う必要はない。

(2) 株主代表訴訟担保特約の保険料（特約保険料）

この特約保険料について、契約者は商法上の問題を配慮し役員個人負担又は役員報酬から天引きとすることになると考えられるが、これを会社負担とした場合には、役員に対して経済的利益の供与があったものとして給与課税を要する。

## 事例5　事故・災害

自然災害としての地震・水害、そして人災としての交通事故・火災などは、時に企業に重大な損失をもたらすリスクとなります。

地震対策として耐震構造建物の増加。

水害対策として治水工事の進捗。

交通事故対策としてシートベルトの着用や罰則の強化等。

火災対策として耐火構造建物の普及。

上記のように災害については近年の対策強化によって被害は減少傾向にありますが、それでも油断をすると大きな傷跡を残します。

法律の整備、公共事業などの対策などへ全面的に頼ることなく企業としての対策も怠りなく準備したいものです。

## ◆地震リスク

平成23年3月11日の東日本大震災は、あらためて日本が地震大国であること、そしてその怖さを実感しました。

地震リスクの問題点を考えてみます。

・予知、予報が現段階ではほとんど不可能

・巨大地震では被害が広範囲におよぶため救援が遅くなりやすい

・地震による建物の倒壊だけでなく、火災、津波、地崩れ、地盤の沈下や液状化現象などの多様な被害が起こる
・原材料の供給元が震災に遭った場合、工場の稼働ができなくなる

今回の地震でも実証されたとおり、地震で怖いのは**生命の脅威**であり、次に生存に欠かせない**財産の滅失**、さらに巨大地震では**働く場所も奪われる**現実に直面しました。

さて予防のできない地震災害ですが、被害が大きくなる要因としては次のようなものが挙げられます。

□　**建物が昭和56年6月1日以前に建築された（旧建築基準法で建築された）**

住宅の地震保険では昭和56年6月1日以降に建築された建物には割引があります。これは同日に施行された改正建築基準法における耐震基準を満たしていると考えているための措置ですが、年を経るにつれて建物が劣化することも、倒壊しやすくなる原因と考えられます。

□　**津波被害の可能性ある海岸あるいは河川沿い**

□　**液状化の恐れのある比較的近年埋め立てられた地域**

比較的新しい文明の恩恵としての埋立地などは地盤面の沈下、液状化現象がおきやすくなります（こうした危険のある地域は自治体が公表しているハザードマップなどで確認できます）。

□　**大規模な地崩れの恐れがある山間部**

山沿いでは地崩れの下敷きになる、地盤が崩壊してしまうなどの危険性が考えられます（同様に

地震のリスク（表）過去における関東圏の主な大地震

| | |
|---|---|
| **1703 年** | **元禄地震**　死者 10,367 人<br>1703.12.31（元禄 16 年 11 月 23 日）丑刻（午前 2 時頃）M7.9 ～ 8.2<br>**最大震度 7**（推定） |
| **1855 年** | **（安政）江戸地震**　死者 10,000 人（推定）<br>1855.11.11（安政 2 年 10 月 2 日）巳刻頃（午前 10 時頃）M6.9<br>**最大震度 6**（推定） |
| **1923 年** | **関東地震**　死者 105,000 人余<br>1923.9.1（大正 12 年）11 時 58 分、深さ 23km、M7.9、**最大震度 7**（推定） |
| 1930 年 | 北伊豆地震　死者 272 人、負傷者 572 人（東京は震度 4）<br>1930.11.26（昭和 5 年）04 時 02 分、深さ 2km、M7.3、最大震度 6 |
| 1931 年 | 西埼玉地震　死者 16 人、負傷者 146 人<br>1931.9.21（昭和 6 年）11 時 19 分、深さ 0km、M6.9、最大震度 5 |
| 1974 年 | 伊豆半島沖地震　死者 30 人、負傷者 102 人<br>1974.5.9（昭和 49 年）08 時 33 分、深さ 10km、M6.9、最大震度 5 |
| 1978 年 | 伊豆大島近海地震　死者 25 人、負傷者 211 人<br>1978.1.14（昭和 53 年）12 時 24 分、深さ 0km、M7.0、最大震度 6 |
| 1987 年 | 千葉県東方沖地震　死者 2 人、負傷者 138 人<br>1987.12.17（昭和 62 年）11 時 08 分、深さ 58km、M6.7、最大震度 5 |
| 1989 年 | 伊豆半島東方沖の地震　負傷者 22 人<br>1989.7.9（平成元年）11 時 09 分、深さ 3km、M5.5、最大震度 4 |
| 2000 年 | 伊豆諸島の群発地震　死者 1 人、負傷者 15 人<br>2000.6.29（平成 12 年）12 時 11 分、深さ 12km、M5.2、最大震度 6 弱 |
| 2005 年 | 茨城県南部の地震　負傷者 26 人<br>2005.2.16（平成 17 年）04 時 46 分、深さ 45km、M5.3、最大震度 5 弱 |
| 2005 年 | 千葉県北西部の地震　負傷者 38 人<br>2005.7.23（平成 17 年）16 時 35 分、深さ 73km、最大震度 5 弱 |
| 2011 年 | 東日本大震災　死者 15,900 人、行方不明者 2,523 人、負傷者 6,157 人<br>2021 年 3 月 10 日時点（東京は震度 5 強）<br>2011.3.11（平成 23 年）14 時 46 分、深さ 24km、最大震度 7（東北地方） |

ハザードマップで確認可能です)。

□　**密集した旧市街地に建物がある**

旧市街地域など木造建築の多い密集地では、火災危険や感電などの事故の危険性が増します。

□　**ビル、工場などを建設した資金返済が残っている(建物が倒壊した場合、生産手段が無くなり借金だけが残る)**

### ◆全般的な状況:どの程度の頻度で地震が起きるのか?

一生のうちで大きな地震に遭遇する確率は一回程度と言われていますが、実際のところどうなのでしょう?

次表は関東周辺で起きた地震年表ですが、東京に住んでいる人が**震度6以上**の地震に見舞われたのはどのような頻度だったかを見てみます。

これによると、過去300年ほどではおよそ一世紀に一度震度6以上の大地震が発生しています。

### ◎緊急時対処のステージ

地震直後には、先ず火の元(電気・ガス)を確かめてあらかじめ指定されていた安全な場所へ避難します。

次いで社員の安否確認。

在社している社員には、緊急要員を除いて帰宅指示。

交通が寸断されている場合もあるため、できればあらかじめ帰宅経路（手段も含めて）を選定しておくことが望ましい。

出先、工場などがあれば同様の処置をとります。

ここまで緊急時の手順を記してきましたが、事前準備が必要な項目は次のようになるでしょう。

□ 社員の安否確認に使用する電話及びメール網、複数の連絡手段によって確保します。
□ 緊急時の水・食料・携帯トイレ・毛布などの確保
□ 社員の帰宅経路の選定
□ 緊急要員の事前選定

緊急時に必要な手段・品目はできるだけ普段から使い慣れておくことがベターです。

連絡網などは普段から使い、緊急物資（特に水・食料）は古いものから適宜使用、補充を繰り返しておくことで物資が古くなるのを防ぐことができるのはご存じのとおりです。

## ◎アフターフォローのステージ

生産手段の確保

生産施設が被害に遭って損傷をしている場合には、修復に掛かる資金・時間などを確認。

最重要な生産施設であれば、他の地点（場合によっては他の国）の代替施設をあらかじめ決めておく必要があります。

サプライチェーンの確認。

部品を納入する生産業者の安否確認と輸送経路・手段の確認確保が必要となります

□　修復などを行う業者選定と緊急時に援助を行ってもらう事前協定
□　部品などを納入する協力会社を日ごろから複数選定し、緊急時に稼働できる対策をとる
□　同様に、できれば運送業者も複数選定しておく

部品などの発注先も普段から複数に発注すること。また輸送手段も同様に複数確保することによって万が一のリスクを軽減できる可能性が増します。

## ◆水害　水害は地域性に大きく左右されるリスクです

特に危険な場所というのは、河川流域、海沿い、内陸部でも低地部分、土砂災害の危険性のある崖下、山の斜面下などがあります。

地形的に被害に遭いやすい地点というのは過去に何度も水害で被害に遭っていることが多いものです。

自社建物等の場所が被害に遭う危険が高いかどうかをまず判断してみる必要があります。

判断材料となるのが、自治体などで公開している氾濫危険区域図（ハザードマップ）があります。

こうした情報によって、自宅または職場付近の危険度がある程度判断できます。

また最近ではゲリラ豪雨など短期間に河川が増水し氾濫するなどの被害も出ています。例え建物

が浸水予想図から外れていても油断することなく、近くの河川の氾濫予想や土地の位置－低地であるかどうか、雨が降ったときに水の通り道であるかどうか、下水道は十分な排水機能を持っているかなど**内水氾濫**の可能性を確認する必要もあります。

先ずは周辺の地形を入念にチェックして水害の危険性の有無を確認します。

水害は安全な地区であればほとんど被害がない可能性がありますが、過去に水害のあった地域は複数回の被害に遭う可能性が考えられます。

**危険性の把握は次のような事柄に注意します。**

- □ 過去に水害があった地域
- □ ハザードマップ上で浸水危険があると判断される地域（内水氾濫の可能性も含めて）
- □ 海岸沿い、河川沿い、内陸部でも低地
- □ 地下室（周囲の雨水が流れ込み水没の危険性がある）
- □ 山間部で土砂災害が過去にあった地域
- □ 水害地域ではないものの周囲と比べて低地帯で水が集まりやすい場所

### ◎予防のステージ

水害は地域的に偏った土地で起こるという特徴があります。このため他の天災と違い、ある程度予防が可能ではないかと考えられます。

つまりビル・工場を**水害の起こらない土地に建てる**ということが予防になります。もし実行できるのであれば過去に浸水被害に遭ったことがない地域で、周囲からは高台になっている土地を選べば、ほぼ浸水被害に対しては万全な予防となるでしょう。

公共工事による堤防などは減災対策になります。

また水害多発地帯において、自社で出来る減災対策では建物を建築するとき周囲よりも土台を高くすることで、ある程度は被害を減少させることができそうです。

さらに生産設備は地震に強い場所、水害に強い場所など複数に分けて設置することはリスクを分散することになり有効な手立てと言えます。

## ◎緊急対処のステージ

水害危険は事前調査によって、資産にどの程度の被害があるのかシミュレーションすることがある程度可能です。

また気象情報を注意することによって、ある程度事前に予測できます。

そうした意味で地震危険に比べてコントロールし易いリスクということが言えます。

人的損害を避けるために、早退・出勤停止などの措置。

建物・設備・原材料などの物的損害を軽減するための措置を事前に実施します。

具体的には浸水危険のある場所に、濡れて被害が出る機械や什器・製品や原材料を置かないことです。

製品・原材料などは2階以上の部分に収容。

機械設備、特に電子部品を多用した高額な機器も2階以上の浸水危険の少ない場所に収容。

水害地域でビルの地下に配電・電気設備を置くことは、浸水により大きな被害につながるので、できれば高所に設置することが望ましい。

逆に建物については（特に耐久性のあるビル等）流出や倒壊さえしなければ、洗浄と簡単な修理だけで修復できてしまうため損害が比較的軽微な傾向にあります。

## ◎アフターフォローのステージ

地震のケースとほぼ同様な内容となります。

なお水害は地域性が高く、周辺環境も比較的早期に回復するため企業活動も地震リスクに比べると早期に元に戻ることが期待できます。

生産手段の確保

生産施設が被害に遭って損傷をしている場合には、修復に掛かる資金・時間などを確認。

最重要な生産施設であり修復に時間のかかる場合に備えて、他の地点の代替施設をあらかじめ決めておく必要があります。（地震リスクの場合は国外も考慮に入れる必要がありますが、水害は国内でリスクの低い地域を探すことが比較的に容易と考えられます）

## ◆交通事故

### 全般的な状況

交通事故、特に自動車での事故は被害者のみならず、高額な賠償金と刑事処分の対象となる可能性もあり加害者にとっても大きなリスクになります。

内閣府の発行する令和４年版交通安全白書によると、令和３年度では年間３０５，１２６件の人身事故が起こりました。負傷者数は３６２，１３１人、人口10万人当たり290.6人が事故に遭っている状況です。

死亡事故では２，６３６人が亡くなっています。10万人当たりにすると3.8人の確率です。

これを10年の単位で見ると、負傷者は34.4人に一人（10万人÷（290.6人×10年））、死者は2631人に一人（10万人÷（3.8人×10年））になります。

従って50人の社員を擁する企業では10年単位で見ると一人または二人が交通事故でケガを負うことになる計算です。

一見確率的には低いと感じますが、事故によって劇的な展開を見せることがあります。

ある企業の社長がオートバイ通勤をしていて、電柱に衝突し死亡。会社はその後、解散は辛くも免れたものの、人手に渡ってしまうという痛ましい事例がありました。

反対に経営に携わる人間が悪質な人身事故を起こし禁固・懲役などの判決を受けると属している業

界特有の許認可などが取り消される場合があり、経営に重大な影響を及ぼすことになりかねません。

参照：よつば総合法律事務所ホームページ（yotsubasougou.jp）

経営者は特に交通事故に遭う、起こすこと両方に充分な注意を払いたいものです。

社有車などで事故を起こした場合には、運転していた役員・従業員だけでなく企業にも賠償責任を問われることは承知のとおりです。

賠償金は時に巨額になる可能性があり、また飲酒運転などの悪質な事案においては、企業の管理責任を問われ信用を失うことにもなります。

**飲酒運転**

人体にアルコールが入ると身体機能の低下によって事故の確率が高くなります。近年、飲酒運転（酒気帯び運転を含む）については事故を起こさなくても大変厳しい処分が下されます。

道路交通法では、酒酔い運転は5年以下の懲役または100万円以下の罰金、酒気帯び運転は3年以下の懲役または50万円以下の罰金。

（令和5年12月現在　道路交通法は頻繁に改正が行われ、厳罰になる傾向にあります）

さらに事故を起こした場合には、正式な裁判となり懲役などの重い刑罰が予想されます。

飲酒運転関連の予防は特に力を入れておきたい項目です。

## ◎予防のステージ

・社内規定において賞罰規定を創る

長年の無事故・無違反の表彰、重大な事故を起こした場合における懲罰規定などは運送業をはじめ広く企業において採用されています。

自社の状況に合わせて策定・実施を行うことによって、従業員の交通安全への関心が高まり、事故の減少につながる契機になります。

なお、表彰式などでは、全従業員へのメッセージとして、企業への貢献だけでなく家族の安寧も守ったこと、を伝えることで安全運転に対する意識の向上を目指すことも効果的ではないでしょうか？

表彰制度は長年実施していると惰性で行われたりマンネリ化が進みやすいので、各年度毎に違った趣向を採り入れるなどして効果的な制度を維持するよう努めます。

・運転状況の確認

進化した現在の通信電子機器では、車両に端末を付けるだけで各車両についての運行状況を自動的に記録し、管理責任者にメールなどで知らせてもらえるサービスが存在します。

これによって、運転手の特性などが手に取るように分かり、問題のある場合には適切な指導を行うことによって事故の防止につながります。

・アルコール検知

朝の始業時に、特に運転に携わる従業員に対してはアルコール検査を実施することで、飲酒運転の防止、さらに事故の防止への予防となります。

さらに、朝の始業時に加えて昼食後の検査も必要に応じて実施することも考えます。

## ◎緊急対処のステージ

企業にとって起こってしまった交通事故をどのように解決するのが一番望ましいのか？

という命題については、他のリスクについても同様ではありますが。

**「短い時間でスムーズに解決し社会的な評判を失墜させずに、速やかに本業に専念できる状況を創り出す」**

ということに尽きます。

交通事故に遭遇した場合の適切な行動というのは次のとおりです。

1．負傷者の手当、救急車の手配、病院への移送
2．警察への通報
3．事故車両などを交通の妨げにならないように移動させる
4．被害者・加害者等当事者同士の確認

5．証拠の保全（損害箇所の写真撮影など）
6．その場での示談を行わない
7．会社への報告（第一報）

ここまでが現場での一般的な対応となります。

事故の第一報が入った企業の責任者は、上記1～6までの項目の実施状況について確認し、未実施の項目があれば適切な指示を行います。

警察への通報は、事故を証明するための重要な証拠となる場合があります。加害者が不誠実で、賠償を逃れようと「事故の事実はなかった」と主張されないための証拠として。自らが加害者であっても稀に相手が「当たり屋」「犯罪者」「無免許」であったりした時。警察の関与、事故証明書の存在が後々の示談交渉（または裁判）などで大きな意味を持つので手間を厭わずに対応を行います。

「その場での示談を行わない」というのは、混乱した現場にあって適切な判断を下すことは誰であっても難しいためです。後に、証拠などが揃い専門家の適切な助言などを受けて総合的に判断をすることによって最善の解決を目指します。

事故の加害者であって人身事故の場合、被害者への謝罪も考慮する必要があります。

自動車保険に加入しており、保険会社が示談まで行っているので何もしなくていいという風潮も見受けられますが、後の示談交渉をスムーズに行うために、また裁判までもつれ込み交渉を悪化させないためにも、企業の担当者は被害者感情を先読みして手を打っていきたいものです。

自らが被害者になった場合、自転車・オートバイなど二輪車での事故は死亡などの重大事故に繋がる可能性が高くなります。

できれば自転車通勤・オートバイ通勤は禁止することがベターです。

役員自身も責任の大きさを考えてオートバイなど事故の際、重大な結果を招く可能性の大きい車両には搭乗しないようにしたいものです。

### ◎アフターフォローのステージ

加害者の場合、賠償資金については任意の自動車保険に加入することによって、ほぼ解決することが可能です。

なお特に人身事故については、被害者と良好な関係を創ることは、その後の刑事責任、民事責任の軽減について大きな力になってもらえる可能性を持っています。

刑事責任については、被害者から刑罰軽減の嘆願書などを出してもらうことによって、司法判断が大きく変わることもあり得ます。

示談交渉なども、被害者の感情が良好の場合には短時間で終了することが期待できます。(その分、事故担当者の精神的・肉体的な消耗も少なくなります)

企業における交通事故は（他のリスクも同様ですが）従業員が傷害を負った場合や最悪にも死亡した場合に、欠員ができ業務遂行能力が大きく削がれる結果となります。

特にキーマンが戦列から離れると大きな影響を蒙ります。それを他の従業員で埋め合わせなければなりません。

少しでも影響を軽減するためには、一朝一夕にできることではありませんが、各従業員は（他の従業員が行っている）タスクを重複して習得しておくことが望ましいでしょう。

そして優れた一人の能力だけに頼るのではなく、普段から権限・作業スキルを共有することによって柔軟な業務体制を実現していきます。

作業マニュアルを作成し、共有することも一つの解決法です。

## ◆火災リスク

### 全般的な状況

令和3年に消防庁から発表された住宅以外の火災は次のようになっています。
日本全国に事業所系の建物は6,066,342棟（2016年）があるとされます。（ゼンリンマーケティングソリューションズのホームページより）
単純に計算すると年間では704件に一件（6066342棟÷8613件）が火災に見舞われて消防車が出動していることになります。

これを10年の単位で計れば70件程度（７０４件÷10年）に一件の割合です。

さらにハインリッヒの法則から類推すると、消防車が出動するに至らないボヤが起きる確率は30倍なので、10年の尺度で見ると２件に１件以上（70件÷30）の事業所でボヤが起きていると推測できます。

火災はけっして他人事ではないことが分かります。

**火災の原因**

火災に至った原因はどのようになっているでしょうか？

同様に消防庁から発表された数

| | | |
|---|---|---|
| 全火災件数 | 19549件 | 100% |
| | | |
| 住宅以外の火災件数 | 8613件 | 44% |
| 内訳（特定複合用途） | 1784件 | 9.1% |
| （工場・作業場） | 1639件 | 8.4% |
| （事務所等） | 706件 | 3.6% |
| （非特定複合用途） | 694件 | 3.6% |
| （倉庫） | 461件 | 2.4% |
| （飲食店） | 453件 | 2.3% |
| （物品販売店舗等） | 235件 | 1.2% |
| （学校） | 143件 | 0.7% |
| （旅館・ホテル等） | 107件 | 0.5% |
| （グループホーム等） | 73件 | 0.4% |
| （社会福祉施設等） | 70件 | 0.4% |
| （神社、寺院等） | 68件 | 0.3% |
| （病院等） | 64件 | 0.3% |
| | | 以下略 |

※特定複合用途：不特定の人が出入りする建物または火災発生時に非難が困難であると予想される施設（例　劇場　映画館　遊技場　百貨店　ナイトクラブ　ホテル　幼稚園等の複合施設）

※非特定複合用途：収容人数は多いものの出入りする者が限られている施設や火災発生時の避難などが比較的容易である施設（例　勤務する従業員が限られる工場　共同住宅　学校（小　中　高　大学　専門学校）公会堂　集会場等の複合施設）

| 原因別 | 件数 | 構成比（%） |
|---|---|---|
| 電灯などの配線 | 977 | 11.3 |
| こんろ | 860 | 10.0 |
| 電気機器 | 773 | 9.0 |
| たばこ | 512 | 5.9 |
| 電気装置 | 337 | 3.2 |
| ストーブ | 222 | 2.6 |
| 溶接機・切断機 | 193 | 2.2 |
| 放火またはその疑い | 652 | 7.6 |
| | | 以下略 |

字を見てみます。

住宅火災以外の建物火災件数は８，６１３件で主な内訳は次のとおりです。

上記を見ると次のように推測できます。

先ずすべての業種において配線の不具合から火事が多い。

煮炊きを行う飲食店において「こんろ」の火災が多い。

すべての業種においてパソコン他の電気機器などから火災が起こる。

同じくすべての業種において、未だに「たばこ」の不始末で火災が起こる。

変圧器など重電の火災が起こる。

住宅火災と同様にストーブなどの暖房機器の火災が起きる。

溶接機・切断機から出る火花で火災が起きる。

・火災の二次被害

火災が起きると、基本的に消火作業を行うことになります。

消火活動は、やはり火を消すことに集中するために多くの水を使うため建物や中の什器備品・商品類は水浸しとなります。また火事から発生する煙は同様に建物などを汚損させてしまいます。

現代の什器・機械類は多くの電子機器を搭載しているため汚れた水・煙などにさらされると機能を失い、多大な損害を被ってしまいます。

また製品や商品は汚れが付着するため、通常は使い物にならなくなります。

こうした現状から、ほんのボヤ程度の火災であっても予想以上に損害が大きくなることは想像に難くありません。

## ◎予防のステージ

火災は業種・業態により様々な原因で発生します。

火災を予防するにあたって最もコスタパフォーマンスの良い方法は「基本に忠実に」ではないでしょうか?

火災を予防する基本というのは種々考えられますが大略次のようになります。

〈整理整頓・清掃〉

「心に隙を作らない」という象徴的な意味でも実行します。こうした作業を行うことによって、火災に限らない事故の原因となる要因に気付くことがあります。

また、現代のオフィスはパソコンなどの機器が多数存在しており、電気配線が乱雑になりがちです。長い間使用しているとゴミ・埃が周囲に山積して火災が起きやすい状態になります。机の影など隠れた場所も月に一度程度の定期的な清掃が火災を未然に防ぎます。

〈タバコは指定された場所で〉

ガソリンなどの危険物の傍でタバコを吸うのは厳禁。

指定された場所で吸い、燃え残しは灰皿に捨てて、後水を掛けて消火。

タバコによる火災はほぼすべて不注意によるものと考えられます。普段はできていても気がゆるみ基本から外れると大火の原因になります。

〈スイッチのオン・オフは指差し確認〉

電気設備・火器等スイッチの消し忘れを防ぐために「消した後の指差確認」。

電車の乗降に車掌さんが行っている「指差確認」は安全確認のための基本動作です。

これは複数の人間で行うことによってさらに安全性が高められます。

〈工事現場での火器の取り扱いは下階に注意〉

工事現場での溶接・切断などの作業では周辺の整理整頓はもちろん、下階にも注意を払う必要があります。

下階で塗装作業を行っている最中に、火花が飛び散り塗料に引火し大火事になることが多々あります。

〈電子データのバックアップ〉

業務上の重要なデータについて、更新の都度バックアップを取っておくことは、現代では必須となっており、正に基本動作と言えます。

バックアップデータは「即時に地理的に離れた場所へ」保管することが最善の方法です。

企業において、こうしたシステムを構築するのは費用が掛かるため、事前に次の点を確認します。

企業にとって何が重要なデータなのか？

最も安価な方法は何か？

データが紛失・盗難に遭う危険性はないか？

火災への対応だけについて言えば、遠隔地のホストコンピューターに情報を置いておき、各端末でデータを引き出すという方法が最も安価にできる方法ではないかと考えます。（ハッカーによるデータの盗難・破壊なども想定する必要はありますが）

同時にバックアップを他地域にあるバックアップ用のコンピューターに入るようにすれば、ほぼ完ぺきな対策となりますが、費用対効果を考えて企業内において検討する必要があります。

## ◎緊急対処のステージ

※火事の燃え広がり方

万が一火災が起きたときどのように燃え広がるのでしょうか？

〈木造の場合〉

木造建物の火災は急燃性であることが特徴です。

出火してから火災の最盛期までは、わずか7分！

それからさらに焼け落ちるまでに6～19分という短期決戦型です。

木造建築は、風速3.5m／秒の条件では、次のように燃えます。

2分で0.6㎡

4分で22.9㎡

6分で112.5㎡

10分で460㎡

初期消火に失敗すると、ほぼ間違いなく大きな火災になり、さらに消防車の到着は燃え広がった後になる可能性が高くなります。

〈耐火造りの場合〉

ビルなどの耐火造りの建物は長時間燃え続け、鎮火までに数時間かかる例も少なくありません。

まず可燃物に着火しますが、火災区画が気密性をもっていますので、空気の流入がなければ、そのままくん焼状態を続けて鎮火することもあります。適当な空気が供給されていれば炎が天井に達し、その輻射熱によって区画全体が高温化します。熱で窓ガラスが割れ、大量の空気が流入すると、いっきに燃え上がります。これをフラッシュオーバー現象といいます。この後、煙や炎は、ダクト、廊下、階段などを経て、最悪ビル全体が燃焼状態に陥ります。耐火造建築の場合、火の回りは遅くなりますが、煙に巻かれる被害が大きくなります。

木造・耐火構造どちらの建物についても初期消火に失敗した場合、ただちに避難行動に移るよう授業員には徹底しておきます。

初期消火の定義ですが、火が天井に達したなら消火に失敗したと考えます。

**〈火災対策用機器〉**

火災対策には多くの器具があります。目的・効用と弱点の確認・費用対効果などを見極めて採り入れます。

・自動火災報知機

多くの建物で、設置されている機材です。

昼間に人の出入りする時に火災が発生した場合、初期消火を行う際に有効性がありますが、夜間、人気の無いところでは効果を発揮できません。

（夜間に警備員を配置している場合には有効です）

・消火器
初期消火に威力を発揮します。できれば消火訓練などで操作方法をおさらいすることで、イザッというときに役立ちます。

・消火栓
この設備はどちらかと言えば、消火に駆け付けた消防隊の使用するものです。

火災を発見して、気持ちが動揺しているときに消火栓を繋ぎ消火作業を行うことは基本的に無理があります。

・スプリンクラー
火災の発見と消火がほぼ同時に行われるので、初期消火には大きな有効性を発揮します。ただし設置には高額の費用がかかるので現実的には最重要な場所に設置することになります。

また、誤作動によって放水が行われて部屋が水浸しになる可能性もゼロではありません。

## ◎アフターフォローのステージ

自己の物件について、復旧に当たっての費用捻出は火災保険からの保険金支払いで充当できます。

罹災後の業務復旧手順について考えると

1. 仮社屋、仮工場の手当と移転
2. 罹災建物の復旧または他地域での再建
3. 周辺に延焼している場合には補償問題の解決

失火責任法により法律上の賠償責任がない場合でも、道義上の見地から何らかの補償が必要な場合はあります。

## ◆火災の法的な責任：賠償責任

### ①失火法の解釈

火災が起こったときには、火元の責任は問われないと言われています。これは「失火の責任に関する法」（明治32年法律40号）よって定められています。

この法律を現代風に直すと次のようになります。

「民法709条の規定は失火の場合にはこれを適用せず、但し失火者に重大なる過失あるときはこの限りにあらず」（709条：不法行為責任法で過失のあったときは賠償責任を問われる）

従って重過失は不法行為責任があり、賠償責任が問われることになります。

では具体的に重過失となるのはどのような場合でしょうか？

〈重過失〉

下級審において重過失を認めた事例としては、

①電気コンロに点火したまま就寝したところ、ベッドからずり落ちた毛布がコンロに上に垂れ下がり木造アパートを全焼させた（札幌地裁昭和53．8．22）
②くわえタバコで屋根上から山火事の見物中、その屋根に張ってあったルーヒングと杉皮の上にタバコの火を落とした為火事となり隣家にも延焼して全焼させた（名古屋地裁昭和42．8．9）
③主婦が台所のガスコンロに天ぷら油の入った鍋をかけて加熱したまま離室している間に天ぷら油に引火して火災となった（東京地裁昭和51．4．15）

今日では、失火責任法の立法時と異なり、消防施設も充実し、耐火建築も進み、他の不法行為に比べて、特に責任軽減をすべき根拠は乏しいという批判が強く、本法の適用範囲を狭くしようというのが現在の解釈傾向であるとされています。

こうした立場も反映して、戦後の傾向として、類焼した場合、類焼を受けた人は、火元に対して責任を追及する方法として、火元の火災保険金請求に対して、出火直後ただちに重過失を理由に仮差押えをしていく例がかなりあります。

さらに個人に比べて企業における失火は、たとえ軽度の過失であったとしても（専門的な知識を有しているので）重過失としてとらえ、賠償を命じる傾向が強いと思われます。

「失火責任をめぐる判例漫歩」弁護士・平沼高明氏著より

Chapter 03

# 第三章　法律を味方につける



## 1. 法律を味方につける

経営者にとって法律は避けて通ることができません。

企業活動は法律の定めに従って行う必要がありますし、事故やトラブルに出遭うと法律の規定によって解決を図ることになります。

しかしながら一般的な経営者にとって法律は「難しい」と感じている方が多いのも事実です。中には法律問題が出てきたらすべて顧問弁護士におまかせ！という方もいらっしゃるかもしれませんね。

それでも法律とどのように向きあい、味方につけていくのかというのは経営者の主要な課題の一つであることは間違いありません。

そこで、ここでは法律の難しさの原因と解決法を探っていきます。

## ◆法律とはいったい何なのか？

法律には現代の社会通念（情勢と言ってもいい）が凝縮されています。

ご存じのように法律や条例は国会や地方議会などで創られ（または改正され）公布・施行されていきます。

法律は常に現代の実情に合うように改正され続けています。

従って一般人の感覚（社会通念）に合わない法律は消滅していく運命にあり、法律に準拠して出される裁判所の判例も実情に合うように日々変化していくのが、現代日本の法律です。

最近の有名な事例では、非嫡出子も嫡出子と同様の権利を持つとした最高裁の判例が基になって、民法も改正された事案がありました。

また労災賠償において、債務不履行責任の解釈を用いて「安全配慮義務」という新しい概念を創り、（不法行為責任では時効となっていたにも関わらず）使用者側の賠償責任を有効とした最高裁の判例があります。

法律は難しい！と感じる中には、このように日々変化する法律について、どのような変化があり裁判所の判断が下されるのか予測できないという困惑があるのかもしれません。

しかしながら逆に言えば、裁判官も悩んで判決を下しています（笑）。

民事訴訟であれば施行されている法律に照らして、両者の言い分を慎重に聞き分けて、双方の負担をどのように分担するのが最も公平な判断なのかを決める作業を行っているので、難しくないわけではけっしてなく、また悩まないはずもないのです。

社会的な通念に従って、自らの行いは正しかった！と考えるのであれば法律と言う言葉に惑わされずしっかりと主張していくことです。

## ◆弁護士の話すことが難しい

弁護士と話をしているとき、こんな言葉を聞いたことはありませんか？

弁護士費用は請求できるのか？という問に対して

「事案の難易，請求額，認容された額その他諸般の事情を斟酌して相当と認められる額の範囲内のものに限り認められるのですよ」という答えが返ってくることがあります。

これでは抽象的すぎて、じゃあ今回の場合はどうなの？と問い返したくなるのは当然ですね。

次のような例ではどうでしょう？

失火法においては故意・重過失がある場合にだけ賠償責任があります。

それでは重大な過失と普通の過失はどのように違うものなのか？　という問いに関して

「通常人に要求される程度の相当な注意をしないでも、わずかの注意さえすれば、たやすく違法有害な結果を予見することができた場合であるのに、漫然これを見すごしたような、ほとんど故意に近い著しい注意欠如の状態を指すものです」

これだけ言われたのでは、先ほどと同じで、じゃあ今回の場合はどうなの?と問い返したくなります。

実は上記2例は最高裁が判決の際に出した一般的な考え方をそのまま受け売りしているだけで、弁護士自身の考えを述べたものではありません。

弁護士も個別の案件については裁判で実際に判決を受けるまではどうなるのか分からない、というのが正直なところなのでしょう。なにしろ判断するのは弁護士ではなく裁判官なのですから。

そして相談者に予断を持ってもらわないように、慎重に言葉を選んでいるのです。

経験を積んだ弁護士なら、一般的な解釈に続けていくつかの個別事例も紹介してもらえるかもしれません。

特に自らが扱った事案については「個別・具体的」なアドヴァイスができるものです。

また、これは私の持論ですが、難しい事柄を平易な言葉で言い表せる人物は、真に頭の良い人だと考えます。

弁護士などの専門家も同じで、平易な言葉で表現できる人間は物事の本質を掴んでいることが多いものです。

同じ依頼するなら経験豊富な（解りやすい）弁護士を選任すれば、法律は難しいという先入観が薄らぐ可能性が高くなります。

## ◆解決がどのような形になるのか見当がつかない

会社がトラブルに巻き込まれる。さらにはある日突然訴状が舞い込んでくる。

このような時、誰であっても動揺しないはずがありません。先行きが不透明なため、さらに不安に襲われることになります。

弁護士に相談しても要領を得なかった場合にはなおさらでしょう。

法律が解りづらいというのは、解決がどのようなものになるのかが見当がつかないという部分にもあると思うのです。

ところで企業としての一般的なルーティンワークにおいて先行きが不安になるということは、どのような結果になるかが予想できるだけにあまり感じていないはずです。

トラブルや訴訟においても同様ではないでしょうか。

過去の類例（判決例等）を知っているだけで解決方法の糸口が見つかる場合があります。

通常は事件・事故が起こった時に慌てて弁護士に相談し、過去の類例を教えてもらうことになりますが、それではもったいない。

事前に知っておくことで､リスク管理でいう「緊急対処のステージ」の対処方法だけではなく「予防のステージ」における対応も予測がつくものです。

経営者として、そうした類例を幾つかでも頭に入れておくことは、「法律は難しい」という感覚を大きく減殺することにつながります。

## 2. 弁護士への依頼

### ◆準備

トラブルを弁護士に依頼するとき、どのような準備が必要でしょうか？

よくある誤解は「弁護士に任せておけば依頼者の考えどおりに調査を行い、自動的に解決してくれる」というものです。

残念ながら弁護士もスーパーマンではありません。特に個人や少人数で運営している法律事務所では（事務所によって差はありますが）マンパワーが不足しているため基本的に調査能力は低いと考えるべきです。

また弁護士の業務として挙げられるのは、裁判において代理人として行動できるほか、法律相談、交渉、示談、契約書作成などの事務を代理人として行うことであり、調査については主要な業務に付随した仕事と位置付けられます。

弁護士がもっとも歓迎するのは、依頼者側が解決までの明確な見識を持ち、そのうえで法廷での審査に耐えられる証拠を持っている場合です。

ここまで準備をしていれば、後は法廷または法廷外での相手との交渉だけに集中することができます。

そして調査などの余分な費用が掛からない分だけ、弁護士への依頼に掛かる費用も抑えることができるでしょう。

すべての事案において、依頼者側の完ぺきな準備が可能となるわけではありませんが、弁護士との最初の面談までにはできるだけの準備を調えて挑みたいものです。

## ◆依頼する弁護士の見つけ方

どちらの弁護士事務所に依頼するのが良いのか？　ということですが実は大変難しい問題です。医療機関を選定する場合には、手術数順、患者の好感度順などの書籍があり、ある程度は判断の目安になります。

ところが弁護士を選定する本というのは販売されていません（私自身は今までお目にかかったことがない）。

従って別の方法で探す必要はあります。

まず私自身の主観ではありますが、選ぶ基準としては次のようなことを推奨します。

・話が分かりやすい（裁判官への説明も上手なはず）

・自分と意見が合う（相性は大事です）

・最低10年のキャリアがある（各弁護士事務所の責任者は大概この基準を満たしていると思われます）

弁護士事務所の最も一般的な捜し方としては各都道府県にある弁護士会のホームページにアクセスする方法です。

ホームページ上では相談窓口が設置されていて、経営問題についても専門の弁護士を紹介してもらえます。

自社で契約している保険契約に関連のある事案については、代理店を通じて保険会社の損害調査部門に紹介を依頼することもできます。

その他の方法としては、各弁護士事務所のホームページを見てみる、アマゾンで法律書を出版している弁護士事務所を見てみる等、大変アナログな方法もありますが、時間と手間のかかる方法であるために、上記の方法を試してみて納得のいかないときに試すのが良いのではないでしょうか。

また幸運にも現在抱えているトラブルについて、同業者の仲間内で同じようなトラブルで相談した弁護士事務所の評判が良かった等を聞きつけたときには、そちらに相談することも選択の一つになるかと思われます。

## ◆依頼しようとする弁護士の得意分野を確認する

依頼しようとしている弁護士は、問題になっている事案について適任でしょうか？

特に専門的な分野でのトラブルについては、事案に見合った経験豊かな弁護士を依頼することをお勧めします。

以下のような一般的なトラブルについても出来れば実務経験の豊富な弁護士に依頼するべきでしょう。

・債権回収事案
・交通事故の解決
・一般的な不法行為での賠償事件
・不動産の賃貸借問題
・労働事件
・行政に対する申し立て
・刑事事件

## ◆過去の判例を調べる

次に行うのは、現在抱えているトラブルについて過去にどのような司法上（裁判での）の判断があったかを調べることです。

最近はインターネットの普及で多くの裁判事例がネット上で検索できます。また市販の書籍にも代表的な事例を解説した入門書がありますので、そちらもひも解いてみてください。

現在のトラブルで相手との交渉について、過去の同じような判例を探して、どのような理由によって判決が下されたのか、を調べてみます。

また判決の傾向を調べてみることによって、あらかじめどのような判決が下されるかを予測してみることも有益です。

そのうえで依頼した弁護士の判断と突き合わせてみます（判断は複眼で行うというリスク管理の原則を地でいくものです）。

## ◆証拠は自ら集める・普段から意識して集めておく

先にも記したとおり、一般的な弁護士にはあまり証拠収集能力はないと考えましょう。依頼者側から受け取った証拠を元に判断することが大半です。そしていかに優秀な弁護士といえども依頼者側の証拠が不十分な場合には持てる力を発揮できません。

必要な証拠とはどのようなものをいうのか？

裁判を行うと仮定して、その過程で必要な証拠は何かを考えます。

まず真実は何かを特定し、それを立証するための推論を立てます。

その推論に従って必要な証拠を探し出していきます。

裁判において決定的に重要な要素は、証拠品の質です。自らに利する証拠が正真正銘の本物であるかどうか。

実際にどのような取引が行われたのか？

どのような雇用慣行があったのか？

金銭のトラブルでは、どのような流れがあったか？　領収書は本物かどうか？

充分に検証することが望まれます。

注：推論を立てる
　この言葉は筆者の造語です。残された断片的な証拠から、起こった事実を組み立てていく能力が必要であり、さらに的確な言葉によって、表現する能力も必要になります。

## 3. 過去の判例はあくまでも目安

第4章では、いくつかの代表的な判例について触れています。

ここで特に注意することは、自分の場合と同じ状況での判例があったから、同じような結論を裁判所に判断してもらえる、というわけではないことです。

同じような判例でも細部に違いがあって、全く逆の判断をされる場合も多々あります。

判例はあくまでも目安として考えます。

そのうえで、訴えられた（または訴えた）ことに対して裁判所へどのように説明（証明）をして理解してもらえるかを考えます。

Chapter 04

# 第四章　役に立つ判例

第一章リスク管理の基本の中で、情報は複合的に見るというものがありました。

この章ではいくつかの「役に立つ判例」をご紹介します。

企業がトラブルに遭った時、通常は弁護士に依頼すると思われますが、弁護士の見解に加えて本章の判例を見ることによって「リスク管理の法則：情報を複合的に見る」ことにつながります。

そのうえで、より深くトラブルへの対応を考えてみる端緒としていただければと思います。

例示した判例については、専門的な用語をそのまま残す形にしています。これはできるだけ原典に近いもののほうが事例の詳細なニュアンスを感じ取っていただくことができると考えて、敢えて残していることをご了承ください。

## 第一部　民法系の判決

### 事前に特約を結んでおけば、保証人は抵当権を引き継ぐことができ、また個別に取り決めた金利も法定金利に関わらず有効となる

保証人が債務者に代わって借金を返済した場合、抵当権については、例え後順位の抵当権がついていたとしても、先順位の抵当権者の地位をそのまま引き継ぐことができ、また特約として付されていた金利についても、法によって定められていた金利に関わらず有効とした判例です。

**・最高裁判例昭和59年5月29日　求償権についての特約と代位の範囲**

A信用金庫とB会社との間で信用金庫取引約定が結ばれ、その約定に基づいたB社の借入のために、B社の代表取締役Cは、自己の建物につき根抵当権を設定し、かつ連帯保証人にもなった。

そしてB社は、Aから480万円（利息年11％、遅延損害金年18.25％）を借りた。

そのうえで、消費貸借契約についてX信用保証協会の信用保証を受けた。

この信用保証については、

①Xと債務者B社との間で、XがAに代位弁済したときは、B社はXに対し、Xの代位弁済全額及び年18.25％の遅延損害金を払うこと、

②Xと物上保証人兼連帯保証人Cとの間で、XがAに代位弁済したときは、XはCがAに対して設定した根抵当権の全部につきAに代位し、①の特約の範囲内で、Aの保有していた根抵当権の全部が行使できる、という内容の特約が結ばれた。

その後、B社の債務不履行により、Xは、Aに454万円を代位弁済し、同時に根抵当権移転の付記登記を経由した。

なお、根抵当権の目的となっていたC所有の建物にはYらの債権者が後順位の根抵当権の設定を受けていた。
そして、根抵当権が実行されXは、元本454万円と年18.25％の割合による遅延損害金を損害額として届け出たが、執行裁判所は、元本は法定の代位割合によりその2分の1とし、損害金は商事法定利率の年6分とし、特約に基づく配当を認めなかった。
そこでXは、Yに配当異議の訴えを提起した。

第一審ではXの請求を棄却
代位割合：保証人は2人いるので、代位割合は1／2となる（民法501条5号）
遅延損害金：契約上の遅延損害金は認められず法定利率6分（当時）とする
Xが控訴。

第二審では容認
そこでYは上告した。

最高裁での判決　上告棄却（後順位抵当権者の敗訴）
被担保債権として扱うべきものは、原債権であって、保証人の債務者に対する旧証券ではない。

債務者から委託を受けた保証人が債権者に対して取得する求償権の内容については民法４５９条２項によって準用される同法４４２条２項は、これを代位弁済のほかこれに対する弁済の日以降の法定利息とする旨を定めているが、右の規定は、任意規定であって、保証人と債務者との間で右の法定利息に代えて異なる約定利率による代位弁済の日の翌日以降の遅延損害金を支払う旨の特約をすることを禁ずるものではない

代位割合を定めた規定は（旧民法５０１条５号）、いわゆる補充規定であると解するのが相当である。従って物上保証人との間で同号の定める割合と異なる特約をした保証人は、後順位抵当権者の利害関係に関しても、右特約の効力を主張することができる。

注：被担保債権：担保の元となった債権（≒貸付金）

注：旧民法５０１条５号は改正民法５０１条４条において同じ規定があり、平成29年民法改正後も本判決の効力は失われていないと考えられます。

条文について

民法４５９条２項：保証人は債務者に対して、債務者が利益を受けた限度で求償できるとした文言。

民法４４２条２項：債務者に対しては法定利息を請求できるとした文言。

出典：民法　第二版　伊藤真監修　伊藤塾著　弘文堂　P364

◆考察

法律文に書かれている条件に拘わらず、個別に取り決められた契約のほうが優先されるという判決です。

ここからは、会社対会社、個人対会社の契約を結ぶときは（信義則に反しない限り）、どのような内容であっても有効になると考えられます。

普段の経営では、より有利な内容の契約書を作成することを心がけ、さらに相手から出された契約書にはしっかりと目を通して不利な条件が書かれていないかを確認することです。

## 2. 従業員が起こした自動車事故で、会社が従業員に対して社有車その他の損害を請求できるが制限がある

社員が社有車で事故を起こして会社が賠償金と車の修理費を出すということは、おそらく経営者にとって腹立たしいことでしょう。

掛かった費用について、事故を起こした社員へ請求したいと考えるのは当然の感情です。

反対に社員が事故についてどのように考えているのか容易に想像がつきます。

自分は会社の利益を生み出すために、社命で車を運転して事故を起こしてしまった。申し訳ない

とは感じているが、人は完全な生き物ではなく事故を起こすこともあり得る。そうしたことを含んで社員に車を運転してもらい利益をだしているのだから自分ばかり責められるのは納得がいかない。叱責を受けるのはしかたがないが、掛かった費用まで請求されることはないのではないか。

このような気持ちでいるはずです。

司法ではどのような判断がなされているのでしょうか?

タンクローリーを運転していた社員が追突事故を起こし、車の修理代金、逸失利益、相手車の修理代金などが発生したため、会社が社員に対して損害賠償を請求した裁判において、最高裁判所は損害の4分の1を社員に請求できるとしました。(最高裁判例昭和51年7月8日)

裁判官は判決の中で次のように述べています。

「使用者は、その事業の性格、規模、施設の状況、被用者の業務の内容、労働条件、勤務態度、加害者の態様、加害行為の予防もしくは損失の分散についての使用者の配慮の程度その他諸般の事情に照らし、損害の公平な分担の見地から信義則上相当と認められる限度において、被用者に対し損害又は求償の請求をすることができる。」

上記は判決に当たって考慮すべき一般的な原則を示したものですが、本判決について具体的に何を考慮したのかが次のように述べられています。

「当社員は、主として小型貨物自動車の運転業務に従事し、タンクローリーには特命により臨時的に乗務するにすぎず、事故当時、当社員は重油をほぼ満載したタンクローリーを運転して交通の渋滞し始めた国道上を進行中、車間距離不保持及び前方注視不十分などの過失により、急停止した先行車に追突したものである。

事故当時の当社員は月額4万5千円の給与を支給され、その勤務態度は普通以上であった。」

判決文から読み取れることは

・勤務態度は良好であったこと。

・乗っていたタンクローリーには不慣れであったが会社からの指示により仕方なく乗車していたこと。

・給与はタンクローリーに乗ることで特別に高く支給されてはいなかったこと。

などが考慮されたと考えられます。

**・最高裁判例昭和51年7月8日　社員の起こした自動車事故の過失割合**

石油等の販売を生業とする当該会社（以下会社と呼ぶ）は、当該社員（以下社員と呼ぶ）が過失により引き起こした自動車事故について、使用者責任に基づき被害者に対して損害を賠償した。また会社は、当該事故で破損したタンクローリーの修理費と、休業期間中逸失利益という損害を蒙った。

そこで会社は事故を起こした社員及びその身元人に対して、自己所有の自動車の破損に基づく損害（民法709条）と被害者に対する損害賠償の履行によって被った損害（民法715条3項）の賠償を請求した。

裁判の経緯

第一審、第二審ともに会社の請求額の4分の1のみ認容し、それ以上の請求は権利の乱用にあたるとし、判決に不服を持った会社が上告。

判決：上告棄却（会社の請求は4分の1だけ認められる）

民法715条：

1．ある事業のために他人を使用する者は、被用者がその事業の執行について第三者に加えた損害を賠償する責任を負う。ただし、使用者が被用者の選任及びその事業の監督について相当の注意をしたとき、又は相当の注意をしても損害が生ずべきであったときは、この限りでない。

2．**使用者に代わって事業を監督する者**も、前項の責任を負う。

3．前二項の規定は、使用者又は監督者から被用者に対する求償権の行使を妨げない。

出典：民法　第二版　伊藤真監修　伊藤塾著　弘文堂　P477

## ◆考察

この事件での従業員は、勤務態度が良好であったようです。

良好でなかった場合にはどうなのでしょうか？

普段から乱暴な運転を行い、注意しても直らず大きな事故を起こしてしまったときには、おそらく過失の割合について、さらに加算されるのではないでしょうか？

## 3. 注文した商品を受け取った後も不具合などがあれば売買契約を解除できる？

売買契約を結び注文した機械が手元に届きます。早速試してみて不具合はなさそうなので受け取りました。

ところが使用していくうちに次々に不具合がでてきて、その都度売主へ修理の依頼をするものの完全には修理されませんでした。

仕方がないので売買契約を解消したいと売主に話をしましたが、取り合ってもらえません。

手形の支払いなので、期日がきても支払いに応じなかったところ売主から裁判に訴え出られました。

この場合、売買契約を解消することはできないのでしょうか？

また代金を支払わなければならないのでしょうか？

昭和36年12月15日の最高裁判例ではこのような場合には、売主は自らの責任を果たしていない（債務不履行）ので、買主は売買契約を解消できるとしました。

売主の主張としては、買主が一旦受領したことにより売主の責任は果たしている（債務を履行済み）として代金の請求を行いましたが、判例では製品に欠陥（瑕疵）がある限り責任は続くとして買主からの売買契約解消を認めています。

**・最高裁判例　昭和36年12月15日　不特定物売買における目的物受領後の不完全履行による損害賠償請求及び契約解除の可否**

売主と買主は街頭宣伝用有線放送機械について売買契約を締結し、買主は売主に対して約束手形を振り出した。

売主から買主に機械が引き渡される前に、買主は機械を試験的に使用して、その結果が良好のように見えたので、機械の引き渡しを受けた。

その後、機械の故障が相次ぎ、その都度売主の技師が修繕したが、修理は完全ではなかった。

そのため買主は売主に機械をいったん持ち帰って完全に修理することを催告したが、これに売主は応じなかった。

そして買主が約束手形の支払いに応じなかったため、売主は買主に対して手形金の支払いを求めて訴えた。

買主は売買契約の解除の意思表示をした。

解除の原因として

①契約の目的を達成できないとして瑕疵担保責任に基づく解除

②不完全な給付をしたことによる債務不履行責任に基づく解除

一審では売主の請求を認容した。

二審では①瑕疵担保責任に基づく解除については、機械が引き渡された後一応買主は使用していたのであるから契約の目的は達成できなかったとはいえないとして、解除を認めなかった。

しかし債務不履行責任に基づく解除については、催告をしたにもかかわらず完全な修理をしなかったことから、債務不履行責任を肯定し、買主の解除の主張を認め、第一審を取り消し売主の請求を棄却した。

そこで売主は、不特定物の売買においては、瑕疵のある物の受領前には債務不履行責任、受領後には瑕疵担保責任が対応するのであって。すでに買主が受領した本件では債務不履行責任の成立する余地はないとして上告した。

判決　上告棄却　最高裁判例　昭和36年12月15日

買主が瑕疵の存在を認識したうえでこれを履行として認容し売主に対していわゆる瑕疵担保責任を問うなどの事情があれば格別、そうでない限り買主は受領後もなお、取り換えないし追完の方法による完全な給付の請求する権利を有し、従ってまた、その不完全な給付が売主の責任である場合には、債務不履行の一場合として、損害賠償請求及び契約解除権をも有すると解するべきである。

債務不履行責任は、物を渡したあとも瑕疵があれば続く

民法　第二版　伊藤真監修　伊藤塾著　弘文堂　P403

注：2020年4月施行の改正民法によって「瑕疵担保責任」が「契約不適合責任」という言葉に変わりました。大雑把に言えば、改正の結果品物を渡した後にも「債務不履行責任」があるとした上記裁判例を追認した形となる改正になっています。

但し改正民法施行前の契約については旧民法が適用され、「瑕疵担保責任」の時効が最長10年ということもあり今後もしばらくはこうした裁判があり得ます。

注：特定物＝世の中に一つしかない物（例として注文住宅等）、不特定物＝他に代替できるもの（例として量産された工業製品等）。従って、通常は製品の交換、修理を行えば義務を果たしたと考えられます。

◆考察

一般的には、売った機械などに不具合があれば修理や取り換えなどで売主の責任は果たされたと考えられます。しかし上記例のように、度を越した瑕疵・不具合、さらに売主の不誠実があれば契約の解除になる場合がある、といったところでしょうか。

信義に欠けるときには、法律の穴を探して責任を逃れることはできないという教訓になる判例です。

## 意味の解りにくい言葉

判決文を読んでいると、なんとなくは分かるけれども本当に自分の知っている意味でいいのかな？　という言葉が頻繁に出てきます。

書籍：判例を学ぶ（新版）井口茂著／吉田利弘補訂では、そうしたなんとなく意味の解りくいことばの解説があります。

一例を挙げてみると…

・**蓋（ケダシ）**：もともとは「もしかすると」や、「ひょっとすると」、あるいは「多分」というような意味の言葉だが、法律の文書で使われるときは、一般に「なんとなれば」「なぜならば」というような意味で使われているように思われる。

・**然れども（シカレドモ）**：「そうであるが、しかしながら」という意味。

・**個より（モトより）**：昔からとか、古くからという意味もあるが、そこから転じた使い方としての、「いうまでもなく」、「もちろん」という意味で使っているのであろう。

・**如上（ジョジョウ）**：「前に述べたところ」、「上述」「前述」という意味。

・**苟も（イヤシクモ）**：「かりにも」、「かりそめにも」という意味。

・**須らく（スベカラク）**：「当然なすべきこととして」という意味。

弁護士の井口茂氏、元衆議院法制局参事の吉田利弘氏という専門家でさえ、「思われる」、「のであろう」という推定文が入っています。一般の人間が解らないのは当然？

## 第二部　商法・会社法の判決

### 1．名前だけの取締役は責任を免れることはできる？

頼まれて代表取締役に就任して、以後は経営に一切タッチしなかったとしたら、会社が倒産したときに責任を取る必要があるのでしょうか？

事案

被告はA社の設立に際して名目上代表取締役に就任するよう頼まれてこれを承諾した。被告の取締役並びに代表取締役への就任はA社の設立総会、株主総会ないし取締役の決議に基づいたものではなく、すべて名目上のもので被告はA社の業務には一切関与していなかった。A社が倒産し、A社に債権を有していた原告が被告に対して、平成17年改正前商法266条の3第一項に基づく損害賠償を求めて提訴。

被告は、選任決議を経ておらず、従って法律上取締役の地位にない者は含まれないと主張して争った。

原審はこのような被告の主張を認めながらも、被告は就任登記に承諾を与えている以上、平成17年改正前商法266条の3第一項により自己が取締役ないし代表取締役ではないことを善意の第三者に対抗できないとし、会社の放漫経営を拱手傍観していた点に重大な過失があったとして原告の請求を認めた。

被告が、登記義務者ではない被告について平成17年改正前商法14条を適用したことは法律解釈の誤りである等と主張して上告。

最高裁判例昭和47年6月15日

判決　上告棄却（取締役としての責任がある）

商法14条は「故意または過失により不実の事項を登記したる者はその事項の不実なることをもって善意の第三者に対抗することを得ず」と規定するところ、不実の登記事項が株式会社への取締役の就任であり、かつ、その就任の登記につき取締役とされた本人が承諾を与えたのであれば、同人もまた不実の登記に加功したものというべく、従って善意の第三者に対抗することができないものと解するのを相当とする。

注：会社法908条第2項が平成17年改正前商法14条を実質的に継承しています。

注：善意の第三者＝知らなかった人、となります。もし訴えた人間において、あらかじめ代表取締役が経営に関与

していなかったことを知っていたとしたら、この裁判での損害賠償は違った判決になったのかもしれません。

**第908条**
1．この法律の規定により登記すべき事項は、**登記の後**でなければ、これをもって善意の第三者に対抗することができない。登記の後であっても、第三者が**正当な事由**によってその登記があることを知らなかったときは、同様とする。
2．故意又は過失によって不実の事項を登記した者は、その事項が不実であることをもって善意の第三者に対抗することができない。

商法判例集第七版　有斐閣社　P308

**◆考察**
外部の人間から見て正当な取締役と見られた場合には、責任を免れることはできないと思われます。

本判例では株主総会または取締役会の決議がなく就任した社長の責任はどうなのかを問われたものですが、正式な決議を経て取締役になったときには、さらに責任は逃れがたいものになると考えられます。

世間ではサラリーマン人生の上がりが「取締役になる」という風潮もありますが、危険性も孕んでいることを認識する必要があります。

## 2. 会社の経営体制に不備があったために取締役が賠償請求される！

（本裁判例はｐ37取締役の個人的な責任における裁判例を再掲載しています）

近年労災賠償については、電通事件の1億6800万円とされる慰謝料の支払いなど、高額な判決が企業に対して命じられています。

これを見て役員個人への賠償請求はなされないとするのは早計です。例示した判例は取締役にも賠償請求が及ぶことを示しています。

事実　従業員の過労死と取締役の第三者に対する責任

AはY社に入社し勤務していたところ、急性左心機能不全により死亡した。

Aの両親が、原因はYでの長時間労働にあると主張して、Yに対しては不法行為又は債務不履行（安全配慮義務違反）に基づき、Yの取締役に対しては不法行為または会社法429条第一項に基づき損害賠償を請求した。

原審ではAの死亡原因は長時間労働であるとし、Yの不法行為及び取締役らの会社法429条第一項による責任を肯定した。

Yらが控訴した。

判決
控訴棄却　大阪高等裁判所平成23年5月25日

労使関係は企業経営について不可欠なものであり、取締役は、会社に対する善管注意義務として、会社が使用者としての安全配慮義務に反して、労働者の生命、健康を損なう事態を招くことのないよう注意する義務を負い、これを懈怠して労働者に損害を与えた場合には会社法４２９条１項の責任を負うと解するのが相当である。

（役員等の第三者に対する損害賠償責任）
第４２９条１項
役員等がその職責を行うについて悪意又は重大な過失があったときは、当該役員等は、これによって第三者に生じた損害を賠償する責任を負う。

①Yは給与体系として、基本給の中に時間外労働80時間分を組み込んでいたため、そのような給与体系の下で恒常的に1か月80時間を超える時間外労働に従事するものが多数出現しがちであった
②36協定においては、時間外労働の延長を行う特別の事情としてイベント商戦に伴う業務の繁忙

の対応と予算決算業務が記載されていたが、現実にはそのような特別な事情とは無関係に恒常的に36協定に定める時間外労働を超える時間外労働がなされていた

③このような全社的な従業員の長時間労働について役員は認識していたか、極めて容易に認識できたと考えられる

④しかるに入社後研修においても、給与の説明にあたり1か月300時間の労働時間を例にあげていた状況であったし、社員心得では、出勤は30分前、退勤は30分後にすることが協調されているが、働きすぎを避ける健康管理の必要性には何ら触れられていない

⑤また店長に配布されている店舗管理マニュアルには、効率の良い人員配置が必要であることが記載されているが、社員の長時間労働の抑制に関する記載は全く存在していない

⑥人事担当者による新入社員の個別面接においても、長時間労働の抑制に関して点検を行ったことを認めるべき証拠はない

以上のとおり、役員は悪意または重大な過失により、会社が行うべき労働者の生命・健康を損なうことがないような体制の構築と長時間労働の是正方策の実行にかんして任務懈怠があったことは明らかであり、その結果Aの死亡という結果を招いたのであるから、会社法429条1項に基づく責任を負うというべきである

商法判例集第七版　有斐閣社　P294

**◆考察**

この判決文は理由を具体的に指摘しているので、労災訴訟においては大変参考になります。判決において指摘された事項に心当たりがあるのであれば、労働環境を適正な形にすることで取締役としての責任を追及されることを逃れる可能性が高いと思われます。

## 3．違法行為を行った社員を監督する義務のある取締役の責任はどうなるのか？

部下の社員が取締役の知らないところでインサイダー取引を行い、会社の信用が失墜して会社の株が暴落してしまった。

そのため社員を監督する取締役の責任を追及するために株主代表訴訟によって訴えられてしまうことも考えられます。

会社法では経営者や役員に対して「善管注意義務」「監視・監督義務」「任務懈怠責任」などを定めています。

こうした責任・義務を怠り第三者や会社に損害を与えると責任追及を受ける可能性があるわけです。中にはまったく見当違いの訴えが混じっている可能性もありますが、それでも自らに責任がないことを主張・立証する必要はあります。

では、責任がないことをどのように立証すればいいのでしょうか？

次のような事例があります。

・株主代表訴訟

事案

社員がインサイダー取引を行ったことについて、取締役の責任を追及した事例です。

東京地裁判例平成21年10月22日

社員がインサイダー取引を行い、株主代表訴訟が提起された。

判決：訴えた側の請求を退け、取締役に責任がないことを裁判所が認めました

理由

先ず個別の事情に入る前に一般的な解釈を示しています。

取締役は「インサイダー取引が起きやすい環境にある事情を踏まえ、一般的に予見できる従業員によるインサイダー取引を防止し得る程度の管理体制を構築し、また、その職責や必要の限度において、従業員によるインサイダー取引を防止するために指導監督すべき善管注意義務を負うものとする」

そのうえで本訴訟での個別事情に言及しています。

アドバンス（使用端末）の情報管理に関して
①アドバンスを独立したクローズドシステムとして構築
②専用端末はすべて各部署の事務スペースに設置し
③広告局員に対しても、業務上の必要性を考慮した上、個人または各部署ごとのIDを付与して
④業務上の必要性に応じてアドバンス内の情報を取得できるなどの体制をとっていた
情報管理一般についても
①社内規定である情報管理規定を制定
②広報局長を情報管理統括者、管理部長を情報管理責任者として、同局内の情報を管理するものとし
③アドバンス内の広告申し込み情報を「社外秘」分類し、規定に基づいて運用される体制をとっていた
④就業規則の附則として「インサイダー取引規制に関する規定」を制定し、法令遵守に関する社内研修などを実施して周知を図っていた。

会社が、その有する多種多様な情報について、どのような管理体制を構築すべきかについては、当該会社の事業内容、情報の性質、内容、秘匿性、業務のあり方、人的、物的体制などの諸般の事情を考慮して、その合理的な裁量にゆだねられていると解される

この観点からは一般的に見て合理的な管理体制であったということができる

こうしたことから同社取締役は、合理的な管理体制をとっていたものということができる。

参照文献：商法判例集第七版　有斐閣社　P256

◆考察

この判決から判るのは、普段からの備えが身を守るということでしょうか。どの程度の備えが必要なのか？　という疑問については上記判決文にもあるように個々の企業特有の事情があり一概には言えません。

リスク管理の手法からアプローチするのであれば、問題となっている事件・事故が、リスクの重大性を判定する四つのカテゴリーのどこに位置するのかを確認し、重大性に応じて対応策を講じることになるでしょう。

なお具体的な対策については、判決文の中にあるのでこれを参照することができます。

コラム◆法律・裁判のモヤモヤを考える

## 民事裁判で行うべきこと

トラブルに遭った時、最初のモヤモヤは解決するのに、どのような法律が適用され、どのように振る舞うのが最善なのか？ではないかと思われます。

民法では、第一条に「権利の行使及び義務の履行は信義則に従い誠実に行わなければならない」と記されています。

この第一条に悖るような行為は、他の法律上の条文に適合していても主張の正当性はありませんよ、ということになります。

民法の第一条は即ち一般的な「良識」と呼ばれるものでしょう。

したがって自らが被ったトラブルで弁護士に依頼するときに、最も重要なことは「良識に従って行動したのか」という部分です。

言ってみれば各種の法律、裁判例・解釈は全て争う両者の責任・負担割合をどのように調整すれば妥当なのかの道具です。

こうした事実から、（弁護士への）依頼者は裁判を行うにあたり次のよう行動すれば最善ではないでしょうか。

**・自らの良識を証明する証拠を揃えて、裁判官に分かるように筋道を立てて主張する**

例え法曹関係者のように細かい法律や裁判例などを知らなくても（この部分を補強するのが弁護士の役目）十分に戦えるはずです。

## 4．会社への賠償責任は取締役に転嫁されるか？

例えば振り出した手形が不渡りになった時、債権者は会社へ賠償を求めてきます。
ところが会社に支払い能力がなく、さらに経営者（取締役）の側が悪意または重過失があると取締役に賠償請求してくる可能性が出てきます。
そこで悪意または重過失とはどのような場合を言うのかが問題になってきます。
下記は、代表取締役が他人に経営を任せてしまったときの判例です。
現在の裁判所の立場は、経営者の職責を果たしていないと考えられるときには厳しい判断を下しているように見えます。

事実

取締役の第三者に対する責任の法的性質

A株式会社の代表取締役BはA社を代表してXから鋼材を買い入れ、A社代表取締役Y名義の約束手形を振り出してXへ交付したが、不渡りとなった。

Yは実務をBに一任していた。（YとBは共にA社代表取締役の地位にあった）

XはYに支払を求めて提訴。

第一審、第二審ともYの責任を認めたうえで、過失相殺をしてXの請求を一部容認した。

Yが上告

判決

上告棄却　最高裁判決昭和44年11月26日

法は、株式会社が経済社会において重要な地位を占めていること、しかも株式会社の活動はその機関である取締役の職務執行に依存するものであることを考慮して、第三者保護の立場から取締役において悪意または重大な過失により（善管注意義務及び忠実義務）に違反し、これによって第三者に損害を被らせたときは、取締役の任務懈怠の行為と第三者の損害との間に相当の因果関係があるかぎり、会社がこれによって損害を被った結果、ひいて第三者に損害を生じた場合である、または直接第三者が損害を被った場合であるとを問うことなく、当該取締役が直接に第三者に対し損害賠償の責に任ずべきことを規定したのである

「代表取締役が、他の代表取締役そのほかの者に会社業務の一切を任せきりとし、その業務執行に何等意を用いることなく、ついにはそれらの者の不正行為ないし任務懈怠を看過するに至るような場合には、自らもまた悪意または重大な過失により任務を怠ったものと解するのが相当」

としてYの上告を退けました。

注：「会社法の下での意義」平成17年改正前商法２６６条の3第1項に相当するのは会社法４２９条1項及び連帯責任について定める４３０条であり、文言が口語化されただけです。このため、本判決は会社法の下でも判例としての意義が維持されると考えられます。

注：本判決の多数意見の理解を前提に、中小規模閉鎖会社の倒産後に会社債権者が本条項に基づく取締役の責任を追及する訴訟が頻繁に提起されています。

商法判例集第七版　有斐閣社　P286

## 会社法　第429条　全文

1. 役員等がその職務を行うについて悪意又は重大な過失があったときは、当該役員等は、これによって第三者に生じた損害を賠償する責任を負う。

2. 次の各号に掲げる者が、当該各号に定める行為をしたときも、前項と同様とする。ただし、その者が当該行為をすることについて注意を怠らなかったことを証明したときは、この限りでない。

1. 取締役及び執行役　次に掲げる行為

イ　株式、新株予約権、社債若しくは新株予約権付社債を引き受ける者の募集をする際に通知しなければならない重要な事項についての虚偽の通知又は当該募集のための当該株式会社の事業その他の事項に関する説明に用いた資料についての虚偽の記載若しくは記録

ロ　計算書類及び事業報告並びにこれらの附属明細書並びに臨時計算書類に記載し、又は記録すべき重要な事項についての虚偽の記載又は記録

ハ　虚偽の登記

ニ　虚偽の公告（第４４０条第３項に規定する措置を含む。）

2．会計参与　計算書類及びその附属明細書、臨時計算書類並びに会計参与報告に記載し、又は記録すべき重要な事項についての虚偽の記載又は記録

3．監査役、監査等委員及び監査委員　監査報告に記載し、又は記録すべき重要な事項についての虚偽の記載又は記録

4．会計監査人　会計監査報告に記載し、又は記録すべき重要な事項についての虚偽の記載又は記録

◆考察

この裁判例も前記「1．名前だけの取締役は責任を免れることはできる？」と同様に取締役の責任を厳格に認めている例です。

取締役としての責任を果たしていない場合には「重過失」や「故意」になってしまうことを再確認する必要があります。

## 5．どのような場合に会社は過失責任を免れることができるのか？

思いもよらないことから会社が損害賠償を受けることがあります。

特に身内（社員）が起こした事件について被害者が会社に対して賠償を求めてくるとき、社内の管理体制が問題になります。

以下の判例は社員（販売部長）が架空売り上げを作ったことによる損害賠償ですが、最高裁の判決でようやく会社の過失がなかったことを認めてもらえたものです。

事案
有価証券報告書の虚偽記載とリスク管理体制構築義務違反にかかる会社の責任の事例
ソフトバンクの開発及び販売を生業とする同社事業部の部長であったものが、自らの立場を維持するために架空売り上げを計上したが、発覚してしまい、東京証券取引所は上場廃止規定に底触するとして同会社の株式を管理ポストに割り当てることとした。
発覚前に株式を取得した原告は株価が急落したため、株式を売却し、同社に対して、会社法350条に基づき損害賠償請求をした。
第一審、第二審とも会社には適切なリスク管理体制を構築する義務を怠った過失があるとして、原告の請求を一部認めた。

判決
最高裁：破棄自判
最高裁判決平成21年7月9日

会社法　第３５０条

本件不正行為当時、
①職務分掌規定等を定めて事業部門と財務部門を分離し
②事件のあった事業部について営業部とは別に注文書や検収書の形式面の確認を担当する専門課及びソフトの稼働確認を担当する専門課を設置し、それらのチェックを経て財務部に売上報告がされる体制を整え
③監査法人との間で監査契約を締結し、同法人及び財務部が、それぞれ定期的に、販売会社宛に売掛金残高確認書の用紙を郵送し、その返送を受ける方式で売掛残高を確認することとしていたので、同社は通常想定される架空売り上げの計上等の不正を防止し得る程度の管理体制は整えていたということができる

本件事件では巧妙な仕掛けによって架空売り上げを造られていたため、「リスク管理体制は、疑念をさしはさむべき特段の事情のない限りは、通常容易に想定しがたい巧妙な不正行為をも想定して構築されなければならないわけではないから」これを未然に察知することは難しいとして、原告の請求を棄却しました。

商法判例集第七版　有斐閣社　P254

株式会社は、代表取締役その他の代表者がその職務を行うについて第三者に加えた損害を賠償する責任を負う。

◆考察

この判決では防御策について具体的な例を挙げているので大変参考になります。

なお「実情に見合った管理体制を構築する」と言えば簡単なように思われますが、感覚的な判断ではなくリスクの大きさ・頻度に見合った体制を合理的に構築する慎重さが求められます。

## 6. 事業を引き継ぐときの用心

事業を譲渡企業から譲り受けた会社は、譲渡企業の商号をそのまま使用していると自動的に債務も引き受けなければなりません。

この事態を避けるためには、債務を引き受けないという登記（商号続用責任の免責登記）を、事業を譲り受けた後に遅滞なく行う必要があります。

（会社法第22条）

また商号だけでなくブランドや店舗名なども、債務返済の訴えを起こされたときに、裁判所から同様の判断をされる場合があるので、できれば違う名前にしたほうがベターでしょう。

破綻した企業が、後継会社を立ち上げて事業の譲渡を受け、さらに旧会社名の上に「新」を付けた場合はどうでしょうか?

事案

最高裁判例昭和38年3月1日の判例では次のように述べています。

「会社が事業に失敗した場合に、再建を図る手段として、いわゆる第二会社を設立し、新会社が旧会社から営業の譲り受けを受けたときは、従来の商号に「新」の字句を付加しているのが通例であって、この場合「新」の字句は取引の社会通念上は、継承的字句ではなく、却って新会社が旧会社の債務を承継しないことを示すための字句であると解される。

従って商法26条（現会社法22条）の商号の続用には当たらないと解するのが相当である」

と判断して、旧会社の債務は新会社に引き継がれないとしました。

商法判例集第七版　有斐閣社　P17

ちなみに現行の会社法第22条は次の通りです。

会社法　第22条

1．事業を譲り受けた会社（以下この章において「譲受会社」という。）が譲渡会社の商号を引き続き使用する場合には、その譲受会社も、譲渡会社の事業によって生じた債務を弁済する責任を負う。

2．前項の規定は、事業を譲り受けた後、遅滞なく、譲受会社がその本店の所在地において譲渡会社の債務を弁済する責任を負わない旨を登記した場合には、適用しない。事業を譲り受けた後、遅滞なく、譲受会社及び譲渡会社から第三者に対しその旨の通知をした場合において、その通知を受けた第三者についても、同様とする。

3．譲受会社が第1項の規定により譲渡会社の債務を弁済する責任を負う場合には、譲渡会社の責任は、事業を譲渡した日後2年以内に請求又は請求の予告をしない債権者に対しては、その期間を経過した時に消滅する。

4．第1項に規定する場合において、譲渡会社の事業によって生じた債権について、譲受会社にした弁済は、弁済者が善意でかつ重大な過失がないときは、その効力を有する。

◆考察

債務を引き受けないという登記（商号続用責任の免責登記）を、事業を譲り受けた後に遅滞なく行う、とありますが、遅滞なくというのはどの程度のことなのかが解りません。

ここは安全に「新」の文字を会社名に入れて違う会社ですよ、という意思表示を行うのが正しい方法のような気がします。

## 7. 別除権についての解釈が変更された？

時に最高裁判所の判例は規範として、後の裁判に大きな影響を与えることがあります。例に挙げた判例もその一つと考えられます。

別除権というのは、破綻した企業の財産は一定のルールに従って債権者等に振り分けられていきますが、その前の段階で別により分けて特定の債権者が特定の財産を持っていく権利を言います。

事案

債権者の再生手続き開始決定と商事留置権

建設業を営むXは再生手続き開始の決定を受けた。

Y銀行はXから取り立てのために裏書譲渡を受けていたが、これをXへ返還することなく留置し、順次取り立てて自銀行の債権に充当していった。

両者の銀行取引約定においては、XがYに対する債務を弁済しなかった場合、Yは担保及びその占有しているXの財産、手形その他の有価証券について、必ずしも法定の手続きによらず一般に適当と認められる方法、時期、価格などにより取り立てまたは処分の上、その取得金から諸費用を差し引いた残額を法定の順序にかかわらずXの債務の弁済に充当できる旨の条項が含まれていた。

Yは本件各手形につき商事留置権を有し、民事再生法上、商事留置権は別除権とされており、本件取立て金を債権の一部に弁済充当することは別除権の行使として認められると主張している。
Xは、Yが取立て金を引き渡さないことは悪意の不当利得に当たるとして、その返還を請求した。
別除権に優先弁済権はないとして、第一審、第二審ともXの請求を認容

判決

破棄自判　最高裁判例平成23年12月15日　別除権が認められた

取立委任を受けた約束手形につき商事留置権を有する者は、当該約束手形に係る取立て金を留置することができるものと解するのが相当である。

そうすると会社から取立委任を受けた約束手形につき商事留置権を有する銀行は、同会社の再生手続き開始後に、これを取り立てた場合であっても民事再生法53条2項の定める別除権の行使として、その取立て金を留置することができることになるから、その額が被担保債権の額を上回るものでない限り、通常、再生計画の弁済原資や再生債務者の事業資金に充てることを予定しえないところであるといわなければならない。

上記取立て金を法定の手続きによらず債務の弁済に充当できる旨定める銀行取引約定は、別除権に付随する合意として民事再生法上も有効であると解するのが相当である。

このように解しても別除権の目的である財産の受け戻しの制限、担保権の消滅及び弁済禁止の原則に関する民事再生法上の各規程の趣旨や、経済的に窮境にある債務者とその債権者との間の民事上の権利関係を適切に調整し、もっと当該債務者の事業又は経済生活の再生を図ろうとする民事再生法上の目的（同法1条）に反するものではないと言うべきである。

商法判例集第七版　有斐閣社　P400

**◆考察**

最高裁判所は銀行の味方なのか？と言いたくなる判決です。

ひょっとして、国の骨幹となる金融システムを維持する目的の判決なのかもしれません。

但し、例えば建設業者Xは悪質に資産を隠していた？などの考慮が働いていたのでしょうか？（信義則の問題）。

または前記「1．万が一保証人になった場合の対処法」と同様に法律の文言ではなく、個別の契約が優先された結果なのかは分かりません。

言えるのは、契約書については可能な限り自らに有利なように作成するべきだということ、また自らに恥じない行動で「信義則」を貫くことは裁判を有利に進める可能性が大きいことです（本判決では確認できませんが）。

## 法律文と裁判の距離

民法の条文にある時効の規定ですが、時効を超えて損害を補償してもらおうとしても、たぶん裁判では「時効を過ぎているので補償してもらえない」という判決になるでしょう。

ところが（おそらく稀に）法律文に書かれていることと違った判決をなされることがあります。

例えば、本書の「第四章　第一部　民法系の裁判例」で最初に出てくる判例では、法律文に書かれている法定利息は（個別に定められた契約に利息が定められていない場合の）「補充規定」であって、個別に決められた利息が優先されるとあります。

もう一つ、「第四章　第二部　商法系の裁判例　7別除権についての解釈が変更された？」では、第一審・第二審の判断を覆して、一般的には優位と考えられる「先取特権」を差し置いて、銀行の「別除権」を認めた例があります。

①なぜこうした判断になったのか？

②その後の裁判でも同じような判断になっているのか？

これは一般人には分からないモヤモヤの部分です。

そこで弁護士に依頼するときには上記二つの事柄を問う必要があります。

実務経験の豊富な弁護士であれば、十分に研究を積んでもいると思われますので納得ある説明をしてもらえるはずです。
そのうえで対応方針を決めるのが良いのではないかと思います。

# Chapter 05

# 第五章　トップのマインドを考える

トップの気持ちの持ち方しだいで社内は劇的に変わることもあります。

リスク管理を効率的に行うために、どのようにマインドを創るのか？

ここでご紹介するのは深い思想に則った精神論ではなく、どのような企業でも比較的簡単に実施できる技術論として記述しています。

実際にはほとんどの企業で実施されているのではないかと危惧していますし、また、こんなことで役に立つのか？

という思いの経営者の方もおられると思います。

それでもリスク管理の考え方「判断は複眼で見て行う」という視点に立って、再度自らのマインドを振り返ってみては如何でしょうか。

経営者が自らのマインドを変えることによって「一つの対策で複数のリスク対策になる」「比較的少ない経営資源で効率的なリスク対策を調えることができる」のであれば実行しない手はありません。

## 1. 自らの感情で社員のモチベーションを損なわない

社員のモチベーションを上げることの是非について異論はないと思われます。効果の一端を挙げると

・作業効率が上がる
・ミスが減る
・自発的な創意工夫が期待できる
・多少の肉体的・精神的ストレスも乗り越えることができる
・離職率が下がる

リスク管理の問題においてもモチベーションあるいは士気を上げることは、各種リスクの頻度・危険度を下げる大きな要因になります。

例えば取引先へ出向き漫然と仕事のルーティンを行うのではなく、取引先がどのような状態なのかを自発的に観察し異常や違和感を抱いた場合、会社に持ち帰って上司と情報を共有すれば、債権が回収できないといった問題発生前に対応を行うことも可能になるでしょう。

経営者として社員のモチベーションを上げるための具体的な方法とはどのようなものでしょうか？

## 社員の特性

経験豊富な企業トップに対して釈迦に説法とは思いますが、社員の特性について考えてみます。

社員とは労務を提供して、会社から金銭を受け取る存在です。

経営者が間違えやすいのは、自身の経営思想は間違いなく社員にも理解してもらっているという思い込みです。

あるチェーン店を運営する企業のトップが、経営者の集まりの中で立派な企業理念を社員の隅々にまで周知徹底させているという報告をしていましたが、そこに勤める社員の話を聞くと、毎回本部から降りてくるのは「無駄をなくせ」という指示だけ、さらに給料が安くて生活ができずに短期で辞めていく社員が後を絶たないと不満を漏らしていました。

彼らは会社のため（または経営者の掲げる企業理念）を思って働いているのではなく、第一は自分の生活のために日々仕事を行っていると認識する必要があります。

そして会社を思うのは、自分の生活の場を失わない、あるいは向上させるため。

また勤めている会社は、社会的に自分の存在を認められたいという願望を実現する場でもあることです。

社員は自分が認められ、自らの生活を向上させることを渇望しています！

もしこうした欲求が満たされなければどうなるでしょう？

昇進が遅れれば勤労意欲が減退する可能性が高くなります。

解雇・減俸や待遇などで会社から不正に取り扱われたと感じれば、裁判に訴えてでも権利を守ろうとするかもしれません。

リーダーが部下を無能呼ばわりしたり、能力を正当に評価せず、制限したりすることは勤労意欲に水をさすだけではなく、将来的なリスクを背負い込むことにもつながります。

今日マスコミなどで報道されているハラスメント、労災訴訟、会社の不正の内部通報、横領、着服、背任などは環境と社員個々人の資質もあるでしょうが、会社への不満が原因の一部と看做すことができます。

しかしながら、同時に社員は会社にとって必要不可欠な存在です。

彼らなくしては組織的な経済活動をすることができません。

有能なトップに率いられた社員は、十二分に能力を発揮して会社の業績に貢献してくれます。

さらに万が一の危機に当たっては頼もしい味方として働いてもらうこともできます。

## 経営者として必要な能力

前記、社員の特性を見て感じることは、その能力を引き出せるかどうかは偏に経営者の手腕・能力如何にかかっていることです。

手腕・能力というと抽象的な言葉なので、もう少し具体的な言葉・手法に置き換えてみます。

① 仕事に誇りを持つこと

一見社員のモチベーションとは無関係と感じる「経営者の仕事への誇り」は、実際には大きな比重を占めています。

経営者は単に熱心に仕事を行うというのでは足りません。仕事に誇りをもっているのかどうかが重要ではないでしょうか。

例え3k（きつい、汚い、危険）と言われる職場であっても、自身の行っている仕事を軽蔑する、そこまではいかなくても卑下していれば敏感に社員に伝わります。

この時点で社員の士気が大きく下がることを覚悟しなければなりません。

なにしろ経営者自身が軽蔑・卑下しているのであれば現に仕事をこなしている社員は自己否定されているも同然であり、渇望している「承認欲求」は会社からも社会からも得られないと感じているものです。

「仕事に誇りを持つ」ことも経営者の能力の一つに違いありません。

誇りを持つという意識をさらに具体的に言えば、自らの仕事が世の中に役立っているという考えです。

それも単に建築業であるとか、運送業であるとか、何々業であるとかでは足りず自社が他に比べてどのような点が優れているのかを深く自問していかなければ、本当の意味の誇りは生まれてこないと思われます。

底の浅い思慮と言葉では「社員の特性」の冒頭で取り上げたように、経営者は立派なことを言っているが、社員の心情には全く響かない状態に陥ります。
企業は利益を最大限追及する組織ですが、経営者の心の中に「本当の誇り」がなければ、そこで働いている社員の能力を最大限に引き出すことは難しいでしょう。

② 公平な扱いを行う

戦後日本では年功序列型・終身雇用型の給与体系が多くの企業で幅広く採用されてきました。この給与体系は経営者にとっては社員のロイヤリティーを期待できること、また社員にとっては、特に功績が無くても給与が安定していて将来にわたって人生設計が図りやすくなることでした。

ところが企業が人件費を削減するためにパートさんや派遣社員を多用する時代になり、彼らはいつ雇用が打ち切られるのかわからない不安定な状態であり、そもそもロイヤリティーは期待できません。

同時に若者の仕事に対する意識が「給料を得るために働く」というドライな方向に変化してきて、かつてのように会社と一心同体という考えはなくなりつつあります。

企業へのロイヤリティーが期待できないとすると、業績を維持してさらに上向きにするためには厳しい人事管理を行い、仕事へのモチベーションを上げるために給与体系を「実力主義」に変える方向になっていきます。

こうした背景の中で働く人々は企業に対して何を期待しているのでしょうか？

社内で自分が公平に扱われているのだろうか？

という不安が常に頭のなかにあるはずです。

自らの行った仕事が正当に評価されて、それに見合った待遇が受けられているのか？

顕著な成績を残したときの処遇はしっかりされるのだろうか？

会社からは公平な目で処遇を決めてもらえるのだろうか？

この「正当な評価を行ってもらう」という期待が裏切られたときには社員（派遣社員・パート等も）のモチベーションは大きく下がってしまいます。

さて、ここまで読み進めていただいた経営者の中には「うちでも妥当な評価制度は実施しているけれど、モチベーションを上げるような成果はでていない」という方もいらっしゃると思います。

そのようなトップの方は次の点を再度確認してみてはどうでしょうか？
・会社として個々の社員に求める役割は何かを明示しているか
指針が無ければどのように努力をすれば良いのか分かりません。また機械の歯車的な役割だけを期待するのではモチベーションは上がらないでしょう
・行っている仕事について、創意工夫した部分を聞き出せているか
良質な仕事の本質は創意工夫と言っても過言ではなく、当人の実力を計る重要な指標です
・今現在おこなっている仕事の役割を超えた意識と実力を持っていないか判断できているか
当該人物は昇進などの処遇が必要な時期に来ています。但し特に経営者・上司等判断する側において正確に評価する能力を欠いていると、評価制度自体が機能しません。

とかく情実人事に流されがちな昇進制度は、社員からは不透明で判りにくいものに映り、何をどのように努力していいのかが判らず、結果的にモチベーションが下がってしまいます。

昇進制度を誰が見ても分かりやすい透明なものに変えることは、経営者の人に対する嗜好、好き嫌いを超えた制度にすることなので、心理的な抵抗も大きいものになります。

制度と自らの気持ちとを折り合わせることも経営者の一つの能力と言っていいでしょう。

特にトップは公正な評価を行うためのフラットな気持ちを維持する必要があります。

・評価した結果をフィードバックして社員と共有しているか

昇進などの条件として評価を行っている場合に、結果を社員と共有することなく上司の判断だけで決めることは、特に現状維持の評価・マイナス評価を行うときには不満の温床になります。理想は十分な話し合いの上、双方が納得する評価を出すことでしょう。

③　常に向上を目指せる社内体制を創る

社員の承認欲求を満たすための制度は、同時に企業にも大きな恩恵があります。

各種の社内教育制度と分かりやすい昇進制度を整備することで目的を達成することができます。

社内での研修・通信教育などは昇進のための必須要件とすれば、意欲のある社員は必ず受講し、実力をつけていきます。

さて第一章リスク管理の考え方の中で、「判断は複眼で見て」というものがありました。

物事を一つの方向からしか見ないで判断することは錯誤などの危険を伴うという内容です。

教育制度の中で、同じような内容の科目だけを社員に課することは、この「複眼で見て判断する」という原則から外れる可能性が高くなります。

同じ知識を持った者同士が知恵を出し合うよりも、異なった知識を持った人の間での協議は、物事をより正確に見る可能性を高くします。

リスク管理の面からは、制度の構築に当たって出来るだけ異なった分野の知識を吸収できるものにすることが理に適っています。

もちろん闇雲に科目を決めるわけではなく、企業の経営方針が充分に加味されている必要もあります。

書籍「中流意識　NHKスペシャル取材班著　講談社現代新書　2023年8月初版」では日本が経験した（又はしている）長期低迷の処方箋として「リスキリング」を紹介しています。

リスキリングとは「新たな業務に必要な職業能力を習得する」ことで、スキルアップ（身につけた能力のレベルアップ）とは異なるものです。

同書では経済のグローバル化によって外国製の安い品物が流通して価格競争に巻き込まれ、またIT技術のイノベーションに乗り遅れた日本の産業は、デジタル部門を中心としたリスキリングを行うことが再生への一つの手掛かりになるとしています。

教育制度は比較的安価で社員に希望を与え、モチベーションを上げる可能性があります。積極的に活用したいものです。

## 2. パニックを抑える

大丈夫だと思っていた大口取引先の倒産により、一気に資金繰りが苦しくなった。リーマンショックのような突然に世界的不況に陥り、商品が全く売れなくなった等々。

ビジネスの世界では、いつ何が起きるか予測がつきません。

人は想定外の事態、特に危機に遭遇するとパニックに陥ります。

ここでのパニックとは気持ちの平衡を失い、的確な判断を行うことができない状態を表します。即ち茫然自失の状態ばかりではなく、慌てたり、怒り、嘆き、悲観的になって判断を失うこともパニックの一種です。

この精神状態が長く続き手を拱いている時間が長くなるほど、一般的には事態が深刻化して問題解決が遅れることになります。

従って、事態を出来るだけ早く解決するためには、パニックから一刻も早く抜け出して、素早く緊急対処への行動に移る必要があります。

### ◆想定外の事態を無くす

パニックを防ぐ第一の方法は、想定外の事態を無くすことです。

平時において出来る限りの事故・事件の可能性を考えて、解決への対応策を探っておくことです。

時間があれば、また可能であれば訓練を行っておくことがベターであると言えます。

例えば、取引先企業の業績が悪いことが知られていて、そのうえで倒産の知らせを受けたときには粛々と考え抜いてきた善後策を実行していくのと、反対に業績について何も聞かされることなく順調だと信じ切っているときに、突然倒産の知らせを受けて呆然とするのでは雲泥の差があります。

## ◆最悪の事態を覚悟する

「最悪の事態を予想し受け入れること」という考え方は「道は開ける」の著者D・カーネギーによって紹介されています。

興味深いことに、人は絶体絶命に陥ると逆に冷静に事態を受け入れることがあります。例えば墜落しようとする飛行機の中では、人はパニックに陥ることがないことが知られています。

人々は覚悟を決めて冷静に最後を迎えようとするのです。

パニックの発生は、差し迫った脅威が迫っていることと、同時に僅かでも何らかの解決手段があるように見えるときに起こるとされています。

従って僅かでも解決の手段があるように見えるときにこそパニックは起こることになります。

これを逆手に取ると、危機に陥ったときには、あっさり事態を受け入れ、最悪の結果を受け入れることによって、逆にパニックを防ぐことが可能という答えが出てきます。

例えば、ある日突然会社が倒産する！

当然大きな焦燥にかられます。頭の中には経済的に困窮する家族の姿がちらつき、最悪の場合一家離散、そしてあなた自身は路上生活者になることも考えられる。

なぜ焦燥にかられるのかと言えば、あなたは未だそうした事態にはなっていないし、ひょっとしたら事態が好転するかもしれないという期待があるからです。

焦燥にかられるのは過去の栄光や称賛に引きずられているから。

最悪の事態を受け入れて、自分は路上生活者になるということを受け入れてしまえば、実は何も怖いものはないということに気付く。(幻想かもしれませんが)

焦りがなくなれば、現状を分析し、後は事態の打開策を冷静に考えていく余地が生まれます。

## 3. 慢心は最大のリスク

誰であっても調子に乗っているときは油断するものです。

好調な業績を背景に過大な設備投資をして、手元資金が底をつき思わぬ倒産の憂き目に遭う等々。

過去の歴史を振り返ってみても、同様の例を見ることができます。

典型的な例として、戦前の日本の軌跡があります。

日露戦争において、辛くも日本は勝利しました。

ここで自分たちは欧米列強に勝ったという慢心が生じたことは間違いありません。

これがすべての始まりだったと考えられます。

さらに追い討ちをかけたのが第一次世界大戦において戦勝国となったことです。

これにより、さらに慢心の度合いが強まりました。

自分たちは世界の列強の一角になった、（幻想ではあったが）向かうところ敵無しなんだと思い込んでしまった。

以後は波に乗って朝鮮半島と満州の植民地化が行われ、もはや失敗はしないという風潮が日本国内に蔓延します。

そして迎えた日中戦争（昭和12年〜20年）が第一の蹉跌となりました。

中国側の戦意を低く見積もり、短期決戦で終わると考えられたものが長期戦になり次第に泥沼に嵌っていきます。

慢心によって相手の戦意を低く見積もり、さらに常に成功するという体験によって、どのように事態を収束させるかという事前のリサーチがおざなりになってしまいました。

実際、中国との講和が一度は成功するかに見えましたが、相手がさらに譲歩すると考えた日本は、より高い要求をして中国の怒りを買い、講和のタイミングを逃しています。

次に起こった平洋戦争は、アメリカが石油禁輸を実施したことによって、追われるように戦争に突入します。

ここでもドイツ・イタリアとの三国同盟を結ぶことによってアメリカの禁輸を招くという失策を

犯しています。

開戦にあたっても、しっかりしたリサーチや解決への方策を探ることもなく、特にアメリカの戦意を低く見積もる失策を犯しています。

やがて、いくつもの蹉跌によって最終的に敗戦という最悪の結果につながっていきました。

歴史にifはありませんが、もし日ロ戦争以後日本に慢心が生まれなかったとしたら、おそらく日中戦争は早期に解決に向かい、対米戦は避けられていたに違いありません。

## ◆判断力が落ちる

慢心が怖いのは、判断能力が落ちることです。

普通であれば避けて通る道も、通れるのではないか？　いや通れる！　と錯覚を起こしてしまう。賭け事でツキに恵まれ、どんどん賭け値を釣り上げていき、すべてを賭けた最後の勝負で負けてしまい、すべてを失う状況にも似ています。

もちろんビジネスの世界では勝負に出なければならない時があります。

しかしながら勇気と無謀を混同することは避けたいものです。

考えられる限りすべての場合をシミュレーションして、少しでも成功の可能性を大きくして、さらに負けたときの収拾策を立てて勝負にでるのと、おざなりに、そのときの雰囲気で何となく方針が決まってしまい行動を起こすのとでは、結果に大きな差が出ます。

賢明なトップであればけっして陥ることの無い落とし穴ですが、好調な時に一度は振り返ってみたいものです。

## 4. 交渉術

一歩間違えば重大な危機に陥る顧客からのクレーム対応、会社の命運を左右する事件に於けるマスコミ対応等々、交渉如何では思わぬ窮地に陥る可能性が常につきまといます。

ビジネス上の交渉はリスク管理においても重要な地位を占めます。

おそらくトップの力量がもっとも試されるときではないでしょうか?

リスクを未然に防ぐ、あるいは危機が現実となった後でもできる限り被害を局限するためにはどうすればいいのか?

これまでの事例を検証すると、およそ次のようなことが言えます。

・対応が遅いと批判され、さらに窮地に陥る
・自身の過ちを認めないと、さらに強く批判され結果的にさらに立場が弱くなる
・姑息な手段を用いて解決を図ろうとすると、さらに事態は悪化する
・誠実な態度で向き合わないと、相手の怒りの火に油を注ぐ結果になる

## ◆勇気を振り絞る

最初に行うべきは、現在の状況からは逃げられないと覚悟し、立ち向かう勇気を振り絞ることです。誰しも困難な状況からは逃げたくなり（おそらく本能だと思われます）、そして上に挙げたような対応になりがちですが、逃げられない場合も多い。

そんな時には、先ず気持ちを前向きにすることです。

事態の収拾にあたっては、迅速・果敢に、相手から逃げることなく、誠実に事を運びます。

こちらの譲れない部分は、しっかりと主張し、譲れる部分は譲るのがいい。

よく営業の極意はウィン・ウィンの関係を築くことと言われますが、どんな交渉事でも一方的な勝利は、通常遺恨が残ります。

相手も満足するような結果を残すことが、最終的な解決になるでしょう。

諦めず、粘り強く交渉を進めるべきです。

## ◆実績を残す

私たちが誰かと交渉を行う場合、無意識のうちに行っているのが、相手を評価するということです。

相手の立場はどのようなものか。

相手の主張と自身の主張の対立点はどこか。

妥協する余地はあるのか。

とりわけ交渉相手は信用できるのか、そして交渉が成立するとして約束を守ってもらえるのか、ということは極めて重要な要素です。

もちろん、相手もこちら側について同様に評価しているはずです。

こうした評価というのは、突き詰めれば交渉する双方の、過去の実績から判断しています。

従って、交渉事を有利に進めるためには、自身の過去の実績を背景に行うことが最も有効な方法だと言えます。

相手が信用してもいいという実績を常に、徹底的に示す！

こちら側との交渉に応じても良いという実績を、常に用意して、何時でも交渉の席で出せるように準備を整えておくことが、真の交渉術ではないでしょうか？

どのような場合でも、交渉事を有利に進めるために「自身の」「企業の」過去の実績を蓄積する努力が欠かせません。

この蓄積が、いかなる立場、場面においても交渉事を有利に進める原動力になります。

# 後書きに代えて

本書の目的は
「誰もが最小限の費用で効果的なリスク対策を創ることができる」

さらに各種のリスク対策を組み合わせて
「持続的な自らに合ったリスク管理体制を構築する」

仕組みを提供することです。

私自身のことを述べますと、過去20数年に渡り主に企業を顧客とする保険代理店を経営してきました。

長くお付き合いをさせていただいていると病気・ケガ、事故、訴訟事、天災、不渡り、不況、倒産、果ては経営者の自殺等々、保険という範疇を超えた様々な出来事が企業を襲い、経営者の方からのご相談に預かります。

ご相談されるお客様は（当然のことですが）「ただちにできて効果のある方法」を求められますが、中々そうした効果的な方法はありません。

そして未来を見ることができない人間にできることは、やはり普段からリスク管理体制を構築して緊急時に備えることが最善の策だと思われます。

一般社団法人日本リスク管理協会は２０１３年にお客様から相談を受けた時に、十分な解決策を見出すための、専門的な研究を行う母体として設立しました。

その成果の一端が本書の刊行です。

一般的なリスク管理に関する研究書とは異なり、スグに理解できて実行できることを目標に書かれています。

経営が立ちいかなくなる！

その遥か前の段階で危険の種を見つけて取り除いておくためにご活用いただければと考えます。

最後に本書につきまして数多くのご批評・ご意見をお待ちしています。

実践的なリスク管理という分野は未完成の部分も多く、改良点が数多くあることを承知しております。

書籍の販売サイトやＳＮＳなどへ積極的に投稿などいただければ幸いです。

＊本書は一般社団法人日本リスク管理協会の業務として発刊しています。

**参照文献〈順不同〉**

・ポケット六法２０２０令和2年版　有斐閣社
・伊藤真の判例シリーズ２　民法　第二版　平成23年12月15日　弘文社
・商法判例集　第二版　２０１７年10月5日　有斐閣社
・商法判例集第七版　山下友信、神田秀樹著　有斐閣社
・判例六法令和６年版　有斐閣社
・知的財産管理技能検定　2級と3級を一気に学ぶ本（第2版）塩島武徳著スタディング監修：中央経済社
・知りたいことがすぐわかる図解　知的財産権のしくみ　ジーベック国際特許事務所　日本実業社刊
　２０２１年12月初版
・自分でできる信用調査と与信管理　窪田千貫著　日本経済新聞　２００３年8月　初版
・ここまで知っておきたい債権回収の実務　永石一郎　大坪和敏　渡邉敦子　著　中央経済社
・失敗の活かし方１００の法則　２０２１年6月30日　初版　桑原晃弥著　日本能率協会マネジメントセンター
・仕事が速いのにミスをしない人は、何をしているのか？　飯野謙次著　株式会社文響社
・クレーム対応の基本が面白いほど身につく本　舟橋孝之著　中経出版
・従業員をやる気にさせる7つのカギ　稲盛和夫の経営問答　日経ビジネス文庫　２０１８年初版
・中流意識　ＮＨＫスペシャル取材班著　講談社現代新書　２０２３年8月初版
・職長安全手帳　清文社　他

・債権回収のゴールデンルール〈第二版〉弁護士奥山倫行著　株式会社民事法研究会刊行
・明日から始められるメンタルヘルス・アクション　メンタルクリエイト代表　江口毅著株式会社税務経理協会
・道は開ける　デールカーネギー著　香山昌訳　創元社
「失火責任をめぐる判例漫歩」弁護士・平沼高明氏著
・気になる用語第20回瑕疵担保責任〈契約不適合責任〉国民生活28　弁護士　河合敏夫著
・判例を学ぶ〈新版〉判例学習入門　井口茂著／吉田利　補訂　法学書院
・なんだ簡単じゃないか！　楽しくできる私のリスク管理　松井章著　文芸社刊
・戦えますか！　松井章著　文芸社刊

参照HP〈順不動〉

・全国消費生活情報ネットワークシステム（PIO-NET：パイオネット）
・特許庁ホームページ〈知的財産権〉
・独立行政法人工業所有権情報・研修館の運営する
特許情報プラットフォーム｜J-PlatPat [JPP]（inpit.go.jp）
・人口動態調査｜政府統計の総合窓口（e-stat.go.jp）
・令和４年版交通安全白書　全文（ＰＤＦ版）- 内閣府（cao.go.jp）
・各地方自治体の水害ハザードマップ（水害）

・消防庁作成の消防白書（火災統計）
・厚生労働省ホームページ（労災統計）
・厚生労働省調査「職場のハラスメントに関する実態調査」
・総務省統計局（事業所統計）
・よつば総合法律事務所（yotsubasougou.jp）ホームページ（株主代表訴訟）
・東京・大阪 法律事務所・法律相談―弁護士法人朝日中央綜合法律事務所（ac-law.jp）
・製造物責任の事故類型―マニュアル―弁護士法人朝日中央綜合法律事務所（ac-law.jp）

# 巻末付録「わが社のリスク管理表」の使い方

巻末には「わが社のリスク管理表」として、リスク管理にすぐに使える表を収録しています。この表は本書に書かれている内容を分かりやすくすぐ実行するためのものです。以下に項目ごとの使用方法を解説します。

## ◆リスクの種類

企業を取り巻くリスクは多種多様に存在します。また同じリスクでも業態などによって重要度が違ってきます。自社の実態に沿ってリスクを列挙してみます。（巻末付録では予めリスクを列挙していますが、この配置に縛られることはありません、自社の実態に合わせて選択的に使用してください）

## ◆一般的なリスクの平均値

ピックアップしたリスクは平均的にどの程度の危険があるのか？　できれば公正な統計等によって平均的な値（起こる確率）を確認します。

## ◆一般的な危険

こちらは企業にとってどれくらいのダメージ（危険の大きさ）があるのか？ リスクの平均値と同様に統計等によって確認します。

### ◆自社においてのリスク要因増減の把握

業態によって同じリスクでも、起こった時のインパクトは違います。同様に自社の特殊事情によっても変わってくるものです。列挙したリスクで、特に自社にとってインパクトが強くなる危険因子を押さえてみてください。

### ◆リスクの四つのカテゴリー

前項「一般的なリスクの平均値」から「自社においてのリスク要因増減の把握」までを見て、自社が「リスクの四つのカテゴリー」のどの部分に当たるのかをプロットしてみます。

### ◆最終的なリスク判断

前項「四つのカテゴリー」を見て、直ちに対策を行う～状況を見て～対策は必要ない、などの判断を行います。

### ◆重点を置くステージ

重点を置くステージの基本は「予防のステージ」ですが、リスクの種類によっては他のステージに重点を置く方が効果的な場合もあります。この項目では次の「予防のステージ」「緊急対処のステージ」「アフターフォローのステージ」の各々において出来る対策を列挙して、もっとも効果的なステージはどの部分であるのかを確認します。

### ◆「予防のステージ」「緊急対処のステージ」「アフターフォローのステージ」

各々のステージで出来る対策を記入してみます。

## ◆対策の現状と今後の課題

前項まで、リスクに対応する理想的な対策を記入してきました。本項目では理想と現実のギャップに目を向けて、自社として今後どのようにギャップを埋めていくのかを検討します。

# 我が社のリスク管理表

| リスクの種類 | 一般的なリスクの平均値 | 一般的な危険性 | 自社においてのリスク要因増減の把握 | リスクの四つのカテゴリー<br>①危険度が高く頻度も大きい<br>②危険度高いが頻度は小さい<br>③危険度低いが頻度が高い<br>④危険度も頻度も低い | 最終的なリスク判断 | 重点を置くステージ | 予防のステージ | 緊急のステージ | アフターフォローのステージ | 対策の現状と今後の課題 |
|---|---|---|---|---|---|---|---|---|---|---|
| 労働災害 | | | | ③ ①<br>④ ② | | | | | | |
| 債権回収 | | | | ③ ①<br>④ ② | | | | | | |
| 顧客からのクレーム | | | | ③ ①<br>④ ② | | | | | | |
| 取引上の賠償問題 | | | | ③ ①<br>④ ② | | | | | | |
| PL製造物責任 | | | | ③ ①<br>④ ② | | | | | | |
| 知的財産権に関する賠償 | | | | ③ ①<br>④ ② | | | | | | |
| 株主からのクレーム | | | | ③ ①<br>④ ② | | | | | | |
| 地震 | | | | ③ ①<br>④ ② | | | | | | |

本表は拡大コピーしてご使用ください

# 我が社のリスク管理表

| リスクの種類 | 一般的なリスクの平均値 | 一般的な危険性 | 自社においてのリスク要因増減の把握 | リスクの四つのカテゴリー<br>①危険度が高く頻度も大きい<br>②危険度高いが頻度は小さい<br>③危険度低いが頻度が高い<br>④危険度も頻度も低い | 最終的なリスク判断 | 重点を置くステージ | 予防のステージ | 緊急のステージ | アフターフォローのステージ | 対策の現状と今後の課題 |
|---|---|---|---|---|---|---|---|---|---|---|
| 水害 | | | | ③ ①<br>④ ② | | | | | | |
| 交通事故 | | | | ③ ①<br>④ ② | | | | | | |
| 火災 | | | | ③ ①<br>④ ② | | | | | | |
| サイバー攻撃 | | | | ③ ①<br>④ ② | | | | | | |
| 個人情報漏洩 | | | | ③ ①<br>④ ② | | | | | | |
| ハラスメント | | | | ③ ①<br>④ ② | | | | | | |
| 詐欺・横領等の犯罪 | | | | ③ ①<br>④ ② | | | | | | |
| 敵対的買収 | | | | ③ ①<br>④ ② | | | | | | |

本表は拡大コピーしてご使用ください

# 我が社のリスク管理表

| リスクの種類 | 一般的なリスクの平均値 | 一般的な危険性 | 自社においてのリスク要因増減の把握 | リスクの四つのカテゴリー<br>①危険度が高く頻度も大きい<br>②危険度高いが頻度は小さい<br>③危険度低いが頻度が高い<br>④危険度も頻度も低い | 最終的なリスク判断 | 重点を置くステージ | 予防のステージ | 緊急のステージ | アフターフォローのステージ | 対策の現状と今後の課題 |
|---|---|---|---|---|---|---|---|---|---|---|
| 事業継承 | | | | ③ ①<br>④ ② | | | | | | |
| 経営者個人の身体的・精神的健康 | | | | ③ ①<br>④ ② | | | | | | |
| 不況 | | | | ③ ①<br>④ ② | | | | | | |
| パンデミック | | | | ③ ①<br>④ ② | | | | | | |
| | | | | ③ ①<br>④ ② | | | | | | |
| | | | | ③ ①<br>④ ② | | | | | | |
| | | | | ③ ①<br>④ ② | | | | | | |
| | | | | ③ ①<br>④ ② | | | | | | |

本表は拡大コピーしてご使用ください

# 我が社のリスク管理表

| リスクの種類 | 一般的なリスクの平均値 | 一般的な危険性 | 自社においてのリスク要因増減の把握 | リスクの四つのカテゴリー<br>①危険度が高く頻度も大きい<br>②危険度高いが頻度は小さい<br>③危険度低いが頻度が高い<br>④危険度も頻度も低い | 最終的なリスク判断 | 重点を置くステージ | 予防のステージ | 緊急のステージ | アフターフォローのステージ | 対策の現状と今後の課題 |
|---|---|---|---|---|---|---|---|---|---|---|
| | | | | ③ ①<br>④ ② | | | | | | |
| | | | | ③ ①<br>④ ② | | | | | | |
| | | | | ③ ①<br>④ ② | | | | | | |
| | | | | ③ ①<br>④ ② | | | | | | |
| | | | | ③ ①<br>④ ② | | | | | | |
| | | | | ③ ①<br>④ ② | | | | | | |
| | | | | ③ ①<br>④ ② | | | | | | |
| | | | | ③ ①<br>④ ② | | | | | | |

本表は拡大コピーしてご使用ください

著者プロフィール

松井 章

大学卒業後、金融機関系の保険代理店に勤務。主に企業に関わる保険契約や防災調査に携わる。1995年の阪神大震災時に、他の代理店と共同で地震保険の改定案を当時の大蔵省に提出し、その後の地震保険改訂の道筋をつける。2001年に独立して代理店業を始める。2011年にリスク管理を主業務とする「一般社団法人　日本リスク管理協会」を設立。著書に「なんだ簡単じゃないか！楽しくできる私のリスク管理」（文芸社刊）、「戦えますか！」（文芸社刊）がある。

一社に一冊わが社のリスク管理ハンドブック

2024年9月24日　　第1刷発行

著　者――― 松井 章
発　行――― 日本橋出版
〒103-0023　東京都中央区日本橋本町 2-3-15
https://nihonbashi-pub.co.jp/
電話／03-6273-2638
発　売――― 星雲社（共同出版社・流通責任出版社）
〒112-0005　東京都文京区水道 1-3-30
電話／03-3868-3275

ISBN 978-4-434-34218-9